JN016588

哲学の名著50冊が1冊でざっと学べる

50 Best Philosophy Books from Aristotle to Quentin Meillassoux

玉川大学名誉教授
岡本裕一朗
Yuichiro Okamoto

KADOKAWA

本物の教養が身につく！「哲学の名著」珠玉の50冊

アリストテレス『形而上学』、デカルト『方法序説』、カント『純粋理性批判』……など、一度はその名を聞いたことのある偉大な哲学者たちが世に残した名著の数々。哲学に詳しくない人でも、何かしら少なからずの知的好奇心が湧いてくるはずですが、それらの書物は総じて分厚く難解で、一冊を読み通すことはなかなか難しいものです。

本書は、そんな読者の皆さまに向け、哲学分野で「名著」とされる書物の要点をわかりやすく整理し、目まぐるしく変化する現代社会を生き抜くために役立つ〝本物の教養〟を提供すべく、まとめたものです。

とはいえ、哲学の名著を解説することは、私も今までになかったわけではありません。なのに、どうしてこの新たな一冊を皆さまに届けたいと考えたのか。

その1つは、本書で取り上げた名著を見ていただければわかります。ここで書名は挙げませんが、従来の哲学書の解説本ではあまり見かけなかったものが含まれています。**とびきりの名著なのに、なかなか紹介されてこなかった**のです。

もう1つの理由は、それぞれの名著を取り扱うとき、通りいっぺんの解説をするのではなく、「根本的に何をねらったのか？」に光を当て、どんな議論や批判が寄せられたかに注目したことです。これは、研究するときの基本的な態度ですが、読者の皆さまは、名著の内容を単に知るだけでなく、**「批評する視点」**もさらに確認できるはずです。

現代は情報社会です。インターネットを使えば書物に関する知識は誰でも簡単に手に入りますし、本に関する情報を集めて一冊の解説本をつくることはそう難しくないでしょう。しかし、前述の2点の大切さを理解しているからこそ、違う形で本を書くことが私にとって重要な課題となりました。

本書では、それぞれの名著に直(じか)にあたり、研究状況などを確認しつつ私自身の理解にもとづいて執筆しています。私の専門領域はおもに近現代の哲学ゆえ、本書にはいわゆる専門外の書物も含まれます。にもかかわらず、私は基本的に専門領域の本を読むのと同じ態度で書き進めました。それがどこまで達成されたかは、読者の皆さまにご判断いただくほかありません。

本書を執筆する過程では、研究書や論文を数多く参照させていただきましたが、本書の性質上、それらすべてについて言及することは控えています。この点、関係各位にはご理解いただくとともに、この場を借りて深くお礼申し上げる次第です。

岡本　裕一朗

目次

Contents

第2章

どうすれば正しい判断ができるか？

「理性とは何か」がわかる名著10冊

第3章 この世の中をどう生きるべきか？

「世界」と「自分」のつながりが見える名著10冊

第4章

いったい自分は何者なのか？

人間の「存在」をめぐる名著10冊

Contents

本文デザイン　斎藤充（クロロス）
本文イラスト　瀬川尚志
本文図版　島崎哲雄デザイン事務所
校　正　古川順弘
編集協力　高橋一喜

そもそも哲学って何？

第1章

「哲学の誕生」と「神とは何か」を知る名著10冊

1『ソクラテスの弁明』（紀元前4世紀）

ソクラテス／プラトン

『ソクラテスの弁明』プラトン 著、納富信留 訳（光文社古典新訳文庫）

「悪法も法なり」「無知の知」などの言葉でも知られる古代ギリシアの哲学者ソクラテスは、対話によって真理を探究した結果、死刑を宣告されることとなった

ソクラテスは古代ギリシアの哲学者。対話法による真理の探究をめざしたが、危険思想として裁判によって有罪とされ刑死。ソクラテス自身は著述を行なっていないため、その思想は弟子のプラトンやクセノポンなどの著作を通じて知られている。

裁判で死刑となった最初の哲学者

古代ギリシアの哲学者といえば、よほどのマニアでないかぎり、最初に思い浮かぶのはソクラテス（BC469‐399）、プラトン、アリストテレスの3人だろう。

この3人は師弟関係にあるが、最初のソクラテスだけは自分自身で著述を行なっていない。つまり、ソクラテスには著作がないのである。**ソクラテスの言動や思想は、あくまでも他人の間接記述でしか知ることができない**のだ。

哲学において重視されてきたのが、プラトンの描いたソクラテスである。しかし、もちろん問題もある。プラトンが描いたソクラテス像は、ソクラテスそのままなのか、それともプラトンによって脚色されたソクラテスなのか、決定できないことだ。

通常はプラトンの記述にしたがって、ソクラテスの哲学を理解するのが基本になっている。しかし、たとえば喜劇作家アリストパネスの手にかかれば、ソクラテスはソフィスト（授業料をとって弁論術を教えた知識人）の親玉のようになっている。ところが、プラトンのソクラテスは、ソフィストの批判者とされている。いずれが本当のソクラテスなのか？

ソクラテスが哲学者と呼ばれるのは、**対話（問答）によって真理を探究するというスタイルをあみ出した**からだ。これは、多くの若者たちに多大な影響を与えた。しかし、その影響力ゆえに、彼は裁判にかけられ、死刑を宣告されることになった。この裁判の過程を描いたのが、『ソクラテスの弁明』である。

彼が死刑を宣告されたとき、刑の執行までには逃亡する機会があった。それにもかかわらず、ソクラテスは**「悪法も法なり」**ということで、毒杯を仰いだ。『ギリシア哲学者列伝』（ディオゲネス・ラエルティオス著、38ページ参照）によると、「ソクラテスは、哲学者のなかで有罪の判決を受けて死刑に処せられた最初の人」とされている。

賢者とされる人も答えに窮した質問

ソクラテスは、なぜ裁判にかけられたのか。

公的な説明では、彼が「天上地下の事々を探求し、弱い論を強くする」ことが1つ、もう1

つは「国も認める神々を認めず、新奇なダイモンの類を信じている」となっている。しかし、根本的な理由は、ソクラテス自身の哲学活動にあると言ってよい。

あるとき、ソクラテスの友人がデルポイ（古代ギリシアの聖域）の神殿を訪れたとき、巫女から「ソクラテス以上の賢者はいない」という神託を受けた。それを聞いたソクラテスは、自分が賢者ではないと思い、それを確かめるために社会の中で賢者とされている人物のところに出かけ、いろいろなことを質問したのである。そのとき、ソクラテスが行なった対話のスタイルが、**「〜とは何か」を問うソクラテス的問答法**だった。

たとえば、「『よい』とはどういうことか？」と問うたとき、「困った人を助けるのがよいことだ」と相手が答えたとする。しかし、その答えは「よい」ことの1つの実例にすぎず、「よいとは何か」の答えになっていない、とソクラテスは反論する。

こうしてあらためて、根本的な問いを突き付けられると、たいていの人は答えに窮してしまうだろう。賢者とされている人でさえ、いろいろと知っているように見えながら、ソクラテスから問いを突き付けられると、実際には何も知らないことがわかったわけである。

「無知の知」に潜むアイロニー

ここからソクラテスは、自分自身が他の人たちとは違って、「知らないこと（無知）」を自覚

ソクラテスの「危険な問い」が死刑を招いた

➡ソクラテスは、賢者とされる人が何も知らないことを暴き、反感を買った

している分、まだマシであることに思い至る。これがいわゆるソクラテスの**「無知の知」**とされるものだ。ここには強烈なアイロニーが潜んでいる。

自分は知らないので教えてほしいと相手に言いつつ、賢者とされる人たちに質問を浴びせかけ、結局、彼らが何も知らないことを暴き出したのだ。これでは、賢者とされる人々（社会の有力者たち）から反感を買ったのも仕方ないだろう。

とすれば、**ソクラテスは自らの問答法によって、自分自身の死刑を招き寄せた**、と言えるかもしれない。哲学者とは、危険な問いを発する人なのである。

ポイント

自分の「無知」を自覚することが、真の認識に至る道である

2『国家』（紀元前4世紀）

プラトン

ソクラテスを処刑した民主制に絶望したプラトンが、自らの思想を展開した同書の中で語っているのは、哲学者が国家を統治すべきという「哲人政治論」である

『国家（上・下）』藤沢令夫 訳（岩波文庫）

古代ギリシアを代表する哲学者。アテネの名門の家系に生まれる。師ソクラテスとの出会いとその刑死をきっかけに哲学の道に入り、40歳頃には学園「アカデメイア」を創設して、晩年まで研究・教育活動に従事した。

イデア論と理想国家

ソクラテスの対話篇を生涯にわたって書いてきたプラトン（BC427頃 - 347頃）は、独自の哲学として、いったいどんな思想をもっていたのだろうか。

プラトン哲学の発展について言えば、初期の頃は師であるソクラテスの対話を再構成しようとしている。

ソクラテスの対話の特徴は、「エレンコス（論駁）」と呼ばれる方法が中心であり、相手の主張に対して、その論理的不整合を指摘し、最初の前提を突き崩すことへと向かっていく。これは一般に「ディアレクティケー（問答法）」と名づけられるが、議論としては否定的な結末を迎えるものが多い。要するに、対話といっても、相手の不備を突き、矛盾を指摘して、相手を途方に暮れさせることで終わるのだ。

こうした対話は、議論の展開としては興味深いが、プラトンが積極的な主張として何を提唱しているのか、必ずしも理解できるものではない。

プラトン自身について言えば、彼は貴族の出身で、若い頃、政界への志を抱いていた。しかし、ソクラテスを処刑した民主制に絶望し、哲学に専念するようになった。**直接政治に携わるのではなく、その根本にさかのぼって理想的な国家のあり方を探求した**のだ。その集大成となったのが、主著の『国家』である。ソクラテスの実践を描くだけでなく、プラトンが自らの思想を積極的に展開するのは『国家』からである。

プラトン哲学は大きく区分すると、一般には初期・中期・後期に分けられるが、『国家』は中期哲学の代表作とされている。この中でプラトンは、彼の中心思想であるイデア論を積極的に主張し、それに基づいて理想国家について論じている。若い頃の政治への志が、哲学的著作として結実したわけである。

「ギュゲスの指輪」など多岐にわたる思考実験

プラトンの『国家』は、タイトルだけを見ると、単なる国家論の著書と受け取られるかもしれない。しかし、目次を確認するだけでも、さまざまなテーマが論じられているのがわかる。た

ギュゲスの指輪

ある洞窟で
透明人間になれる
指輪を手に入れた
羊飼いのギュゲスは、
その指輪を使って
数々の悪事を働き、
ついには王様を殺し、
王権を奪ってしまう

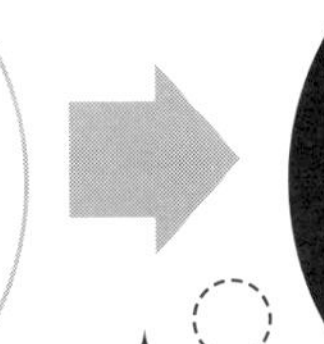

誰にも知られず
不正ができる場合、
悪いことをしてしまう人と
正義を貫いて
何も得ない人と
どちらが幸せな
人生を送れるか？

**➡哲学者たちは「ギュゲスの指輪」を
正義と道徳を考える思考実験ツールとしてきた**

とえば、認識論や存在論、魂論や教育論、芸術論や数学や天文学など、議論は多岐にわたって展開されている。

その中でも、善のイデアにかかわる**「太陽の比喩」「洞窟の比喩」「線分の比喩」**という3つの比喩は有名であり、また**「ギュゲスの指輪」**という透明人間の事例をはじめ、数多くの卓抜な思考実験が行なわれている。そのため、ともすると個々の議論に目を奪われ、書物全体の目標を見失いがちになる。

したがって、ここでは『国家』が全体として何を主張したいのかに絞り、論点を整理することにしよう。

まず、プラトンの基本的な発想は、**哲学者が国家を統治するという「哲人政治論」**にある。これは、ソクラテスが民主制によって死刑に処せられた、という苦い経験から来ている。民主制はやがて衆愚制となり、政治を腐敗させてしまう。それに対して、プラトンは次のように述べている。

「哲学者たちが国々において王となって統治するのでないかぎり、あるいは、現在王と呼ばれ、権力者と呼ばれている人たちが、真実にかつじゅうぶんに哲学するのでないかぎり、すなわち、政治的権力と哲学的精神とが一体化されて、多くの人々の素質が、現在のようにこの2つのどちらかの方向へ別々に進むのを強制的に禁止されるのでないかぎり、国々にとって不幸のやむときはないし、また人類にとっても同様だ」

ポピュリズムに走る現代人にこそ必要な思想

では、「哲学者」とはどのような人だろうか。

プラトンによれば、「哲学者とは、つねに恒常不変のあり方を保つもの（イデア）に触れることのできる人々のことであり、他方、そうすることができずに、さまざまに変転する雑多な事物のなかにさまよう人々は哲学者ではない」

つまり、**哲学者となるためには、「イデア」を探究しなくてはならない**のだ。そのため、国家を論じるプラトンにとって、「イデア論」が決定的に重要になるわけである。

「イデア」というのは、英語のideaの語源となるものだ。現代のideaは、「観念」と訳され、一般には頭の中にあるものと見なされる。それに対して、プラトンの「イデア」は実在するものと考えられ、生成消滅する偶然的な現象に対して、むしろ存続しつづける本質的なものなのだ。**普通の人は直接目に見える現象にとらわれて生きているが、哲学の役割は消滅しない本質を捉えることにある**、とプラトンは言う。

こうしたプラトンの思想は、ポピュリズムに走る現代の民主主義国家に対して、重要な示唆を与えるのではないだろうか。

ポイント

国を統治する人物に必要なのは、実在する本質的な「イデア」の探究である

3『形而上学』（紀元前4世紀）

アリストテレス

師であるプラトンを激しく批判したアリストテレス。代表作である本書を読み解くには「形而上学」の二重性を理解する必要がある

『形而上学（上・下）』出隆 訳（岩波文庫）

古代ギリシアを代表する哲学者。17歳の頃プラトンの学園「アカデメイア」に入学、20年間研究生活を送る。プラトンの死後、アレクサンドロス王の庇護のもとでアテナイに学園「リュケイオン」を創設し、学頭として研究と教育に没頭した。

師プラトンとの対立

プラトンはソクラテスの弟子で、ソクラテスをモデルにした対話篇を生涯書き続けている。プラトンが開いた学園「アカデメイア」において、17歳のときから学んだのが、アリストテレス（BC384‐322）である。したがって、プラトンとアリストテレスは師弟関係にあるが、アリストテレスはプラトンの師であるソクラテスを直接知ることはできなかった。

哲学史では師弟関係の哲学者が、のちに激しく対立することが少なくない。ニーチェによれば、弟子はいつまでも弟子にとどまるべきではなく、師を打倒してこそ真の弟子になるという。

プラトンとアリストテレスの関係は、その典型と言えるかもしれない。**プラトン哲学の最も厳しい批判者は、アリストテレスである**といっても過言ではない。アリストテレスは、プラトンの哲学を十分に理解したうえで、根本的な批判を展開したからだ。

　たとえば、プラトンはイデア論を提唱し、普遍的で独立した「イデア」の存在を主張した。ところが、アリストテレスは、そうしたイデアを「形相（エイドス）」と言い換え、それが個々の存在者から独立して存在するわけではない、と力説した。プラトンは、生成消滅する現象から離れたところにイデア界を想定したが、**アリストテレスはむしろ「形相（エイドス）」が現象的な世界に内在する**と考えたのである。また、プラトンは学問として理念的な数学を重視したが、アリストテレスは経験から出発する自然学を発展させている。

　こうした対立のため、プラトンに由来する「合理論」と、アリストテレスに結びつく「経験論」が哲学の歴史の中で大きな潮流を形成しただけでなく、今でもこの伝統は続いている。それほど、プラトンとアリストテレスの対立は、根本的なものと言えるかもしれない。

　プラトンとアリストテレスの違いは、著作の形式にも色濃く表れている。プラトンの著作のほとんどは対話篇であり、具体的な人物のイキイキとした会話を中心に進められる。そのため、抽象的な概念が出てきても、具体的な場面設定のため、読み進めるのにそれほど苦労しない。

　ところが、アリストテレスの著作は講義形式で書かれていて、読み手が知識を最初からある程度もっている、という前提がある。話はモノローグ調で進められ、ともすると単調になる。したがって、よほどの意欲がなければ、最後まで読み通すのが容易ではない。ただ、**アリストテレスの論述のスタイルが、その後の哲学論文の典型となり、哲学の伝統になっている**のは、皮

プラトンとアリストテレスの違い

	師：プラトン	弟子：アリストテレス
イデア	普遍的で独立した存在	・「形相（エイドス）」と言い換え ・個々の存在者から独立して存在しない
学問	理念的な数学を重視	経験から出発する自然学を重視
著書の形式	対話篇	講義形式
哲学のスタイル	合理論	経験論

肉と言えるかもしれない。

「自然学の後に論じられた」著作

アリストテレスの主著とされる『形而上学（Μεταφυσικά：メタフィジカ）』は、アリストテレス自身が命名したタイトルではない。アリストテレスの残された論文や手稿を集めて、後の編集者が命名したのだ。「自然学の後に属する著作」という意味で、「メタ（後）フィジカ（自然学）」と呼ばれた。

ところが、この「メタ」が「超える」というニュアンスをもつことから、後になって**「メタフィジカ＝自然学を超える著作」**と見なされるようになった。

日本語でも、「形而上学」という名称は「形あるものを超える学問」というイメージで理解され、具体的に経験できる世界を超えて、超経験的な・非物体的な世界を探究する学問と考えられている。

しかし、アリストテレスの『形而上学』を読むときは、むしろ自然学の後に論じられる著作として捉えておいたほうがいい。アリストテレス自身は、この著作で「第一の学」を解明しようとしているが、この学問をどう位置付けるのか、彼は結構苦労している。

というのも、この「第一の学」（すなわち後の「形而上学」）には、最初から二義性がつきまとっていたからである。

形而上学の課題である「二重性」

一方で、「形而上学」は、数的存在や自然的存在のような、それぞれ特有のあり方を取り扱う学問ではない。数的存在を解明するのは数学であり、自然的存在を探究するのは自然学である。しかし、そうした「〇〇的存在」というのではなく、存在としての存在を取り扱う学問が必要であろう。こうした学問を論究するのが、『形而上学』の1つの課題である。これはのちに、**「存在論」**と呼ばれるようになった。

「形而上学」は、具体的な領域に分かれた諸学問とは違って、それらをいわば統括するような学問として、「存在としての存在」を探究するのが固有の仕事とされた。

しかしながら、他方で「形而上学」は、さまざまな存在者を全体として統括するような神的なものを取り扱い、「神学」と捉えられることもある。これは言うまでもなく「存在としての存在」ではなく、「神」という特定の存在者を想定している。

とすれば、こうした**「形而上学」の二重性**は、どう理解したらいいのだろうか。

実を言うと、この問いそのものがアリストテレス研究の重要な課題であるとともに、哲学の歴史でもその後長く引き継がれてきたのである。たとえば、近代哲学の祖・カントの時代でも、形而上学は「一般形而上学」としての「存在論」と、特殊形而上学としての「神学」などに分かれ、それらの関係をどう理解するかが重要な問題となっている。

今日、アリストテレスの『形而上学』を読むときは、こうした歴史も踏まえ、形而上学の二重性を理解することが重要である。

ポイント

形而上学は「存在論」と「神学」という2つの側面をもつ

4『人生の短さについて』(49)

ルキウス・アンナエウス・セネカ

『人生の短さについて』茂手木元蔵 訳(岩波文庫)

人生に対する反省と深い洞察を特徴とするストア派に属したセネカ。人生の使い方を論じた本書は、現代人にとっても哲学的な人生論として読むことができる

ローマ時代のコルドバに生まれる。カリグラ帝時代に財務官として活躍するが、姦通罪に問われ、コルシカ島へ追放される。その後、皇帝ネロの政治的補佐を務めるが、制御できず辞表を出す。隠遁生活に入ると精力的に執筆活動を行なった。

皇帝ネロの家庭教師とブレーンを務める

哲学と政治の関係を考えたとき、一般のイメージでは親和性がないように見えるらしい。しかし、プラトンやアリストテレスは言うに及ばず、20世紀のハイデガーやサルトルなども、関与の仕方はさまざまだが、政治への参加は単なる余興ではなかった。

ローマ時代のルキウス・アンナエウス・セネカ(BC4頃-AD65)もまた、そうした哲学者の一人である。

セネカは、ローマ皇帝のカリグラやネロの時代に政界に進出し、多忙な日々を送っていた。とくに、ネロに対しては、その幼少期に家庭教師を担当し、ネロが皇帝になった最初の頃はブレーンとなって政治を支えている。そのため、ネロは最初の5年間は善政を行なったと言われる。

ところが、その後ネロの暴政が始まると、セネカは職を辞して隠棲し、ついにネロの暴走は収まらなかった。

セネカは結局、ネロによって自殺に追い込まれることになる。タキトゥスの『年代記』（117）には、**「ネロの残忍な性格であれば、弟を殺し、母を殺し、妻を自殺に追い込めば、あとは師（＝セネカ）を殺害する以外に何も残っていない」**と記されている。

セネカは哲学者として、**ストア派**に属している。ストア派といえば、紀元前3世紀から始まり、ローマ時代まで続いた。とくにローマ時代のストア派は、セネカのほかエピクテトスやマルクス・アウレリウスなどが有名である。

こうした後期ストア派哲学の特徴は、「人生」に対する反省とそこから生まれる深い洞察にある。セネカの場合も例外ではなく、**「幸福」や「寛容」「心の平静」といった人間の生き方にかかわる文章が多い**。

哲学を人生論と考える人にとって、おそらくストア派の哲学は魅力的な道標になるはずだ。とくに、『人生の短さについて』（49）は、政治の要職についている友人パウリヌスに宛てた書簡であり、具体的な形で自らの信条を率直に吐露しているので、読者が受けるインパクトは大きいだろう。

時間の使い方によって、人生は短くも長くもなる

『人生の短さについて』は、セネカが一時政界から追放され、コルシカ島の生活から再び政界に復帰しようとした紀元49年に、ローマで書かれたものだ。

追放以前には、彼も政界で多忙な日々を送っていたが、第3代ローマ帝国皇帝・カリグラの陰謀によって、コルシカ島での生活を余儀なくされた。この経験にもとづいて、中央の政界で働く友人に「いかに生きるべきか」を切々と語っている。

本書の主張は、冒頭の文章でほぼ表現できるかもしれない。少し長いが、コメントもいらないので、そのまま引用しておこう。

「大部分の人間たちは死すべき身でありながら、自然の意地悪さを嘆いている。その理由は、われわれが短い一生に生まれついているうえ、われわれに与えられたこの短い期間でさえも速やかに走り去ってしまうから、ごく僅かな人を除いて他の人々は、人生の用意がなされたとたんに人生に見放されてしまう、というのである。（中略）しかし、われわれは短い時間をもっているのではなく、じつはその多くを浪費しているのである。人生は十分に長く、その全体が有効に費やされるならば、もっとも偉大なことをも完成できるほど豊富に与えられている」

人間を「死すべきもの」と呼び、その生（人生）が有限であることは、ギリシアの哲学者た

人生は有限だが、十分に長い

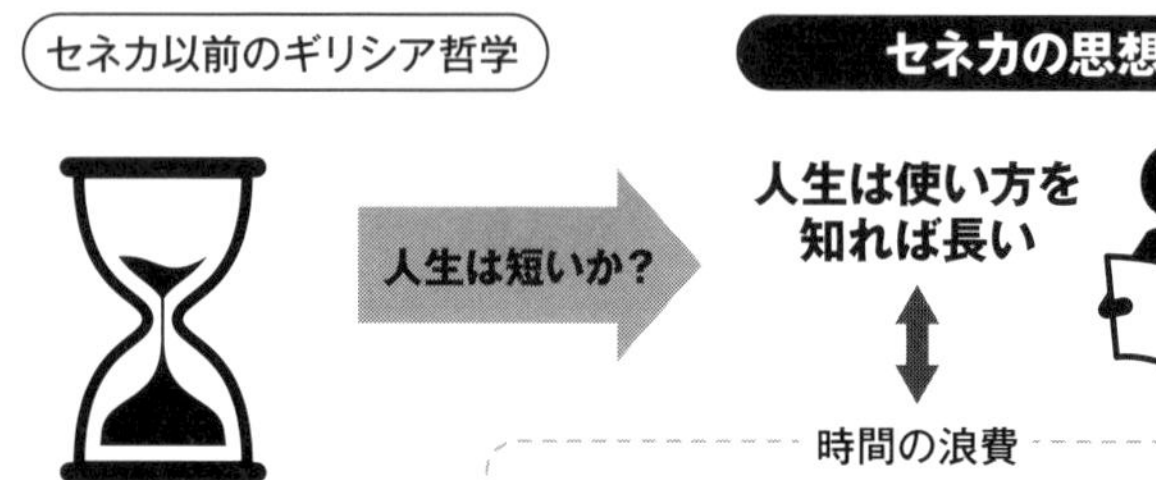

ちによって繰り返し語られてきた。それに対して、セネカは「人生が短い」のではなく、その時間をどう使うかによって変わってくる、と強調するのだ。**「人生は使い方を知れば長い」**というわけである。

それなのに、「世の中には飽くことを知らない貪欲に捕われている者もいれば、無駄な苦労をしながら厄介な骨折り仕事に捕われている者もある。酒びたりになっている者もあれば、怠けぼけしている者もある。他人の意見に絶えず左右される野心に引きずられて、疲れ果てている者もあれば、商売でしゃにむに儲けたいという一心から、国という国、海という海のいたるところを私欲の夢に駆り立てられている者もある……」

こんな具合に、人生の使い方を知らない人の話が続いていく。

静かな港に帰るのがよい

では、セネカは人生をどう使えというのだろうか。要職につく友人のパウリヌスに対して、次のように勧めている。

「君は自分を衆人から切り離すがよい。年齢不相応に今まであちこちへと追い回されていた君は、結局のところ、静かな港に帰るがよい。（中略）苦労が多く絶間のなかった幾つもの試練をとおして、君の徳性はすでに十分に証明されている。君の徳性が有閑な生活のなかで、どんなに振舞うかを試してみるがよい。君の生涯の大部分、少なくともその良き部分は、すでに国家のために捧げられた。君の時間の幾らかを、君自身のために使うのもよいではないか」

しかし、**こう語るセネカが、その直後に再び政界に戻ることになった**のは、皮肉なことである。

ポイント

人生が短いのではなく、時間の使い方を知れば人生は長くなる

5『ギリシア哲学者列伝』(3世紀頃)

ディオゲネス・ラエルティオス

謎の多い著者と信頼性に疑問符のつく著作だが、直接的な資料が乏しい時代の中、哲学者の生涯や行動を興味深く活写している

『ギリシア哲学者列伝(上・中・下)』加来彰俊 訳(岩波文庫)

3世紀前半頃に活躍した哲学史家。謎が多く、その名前も古来いろいろな表記がされていて確かなことはわからない。『ギリシア哲学者列伝』は多くの逸話と哲学者の諸説をあわせて記述した古代ギリシア・ローマ哲学についての貴重な資料である。

ベールに包まれた哲学史家

ギリシア哲学のうちで、プラトンやアリストテレス以外の哲学者の思想を知ろうとするとき、直接的な資料がほとんどなく困ってしまう。そんなとき、昔から利用されてきたのが、ディオゲネス・ラエルティオス(3世紀頃)の『ギリシア哲学者列伝』である。最初の印刷本は、すでに16世紀には刊行されていて、近代以降の哲学者たちはその恩恵を受けている。

ところが驚くことに、本書については、**「著者名も執筆年代も正確なことは何ひとつわからないのと同様に、本来の題名が何であったのかも、じつは知ることができない」**と言われている。そもそも、「ディオゲネス・ラエルティオス」が本名なのか、単なるペンネームなのか、さらにはディオゲネスとラエルティオスの関係でさえ、はっきりしないのだ。したがって当然、著者の生年と没年もわからないわけである。

取り扱われている内容から推測して、3世紀頃に活躍した哲学史家とされているが、作者がはたして哲学の専門家なのか、疑われることもある。

というのは、本書は、**「250人の著者への1186回を下らない言及があり、典拠としてあげられている書物の数は365にも上る」**と言われるが、それぞれを十分に理解したうえで、整合的に編集したようには見えないからだ。「先人たちの書物からの引用をただ雑然と寄せ集めただけの編纂書」とか、「他人の書物から抜粋したものをいわば『つぎはぎ』しただけの作品にすぎない」と評価されることもある。

ディオクレス『哲学者伝』のコピペ本!?

これらは昔から指摘されていたことだが、今となっては手に入らないギリシア哲学者たちの資料を収集し、後世に残している点では高く評価されるとしても、この書物の信用性については疑問符が付けられてきたのである。

たとえば、19世紀の哲学者ニーチェは、この書物を問題にして、ラエルティオスが「いかなる著作を利用したのか」と問い直し、一つの興味深い仮説を立てた。彼によると、この書はディオクレスの『哲学者伝（要覧）』をほぼこのまま書き写したものである。「ラエルティオスの全体は、わずかな補足部分を除けば、抜き書きされたディオゲネス以外の何物でもない」。つまり、**ラエルティオスの本は、ディオクレスのコピペ**だ、というわけである。

ニーチェの説には、今日異論が寄せられているが、『ギリシア哲学者列伝』の孕む問題は確認しておきたい。

興味を引かれる哲学者の言動が満載

哲学史を記述するとき、古代では2つの伝統が継承されてきた。

1つは、**哲学者の個性は無視して、哲学者の教説を問題に応じて説明する学説史的伝統**である。もう1つは、**哲学者の生涯や個人的な性格、師弟関係などに着目して興味深く語る伝記的伝統**である。

ラエルティオスの『ギリシア哲学者列伝』は、この2つの伝統を結びつけるような方法で書かれている。とくに、後者の側面については、「面白おかしい逸話や奇抜な言行」が取り上げられ、それが本書の魅力ともなっている。

では、哲学者たちの教説については統一性がないのに、哲学者たちの「性格」を伝えるため、「ちょっとした行動や言葉、冗談」を書いたのはどうしてだろうか。

当時は、現代と同じく、「哲学を学んで何の役に立つのか」という問いが、哲学者に対してしばしば突きつけられたようだ。こうした問いには、哲学者の学説を詳細に伝えるよりも、彼らの行動や性格を印象深く示したほうが、おそらくわかりやすいのだ。

哲学に対して十分な知識をもっていない人に、哲学への関心を喚起するには、無味乾燥な哲学説よりも、イキイキとした哲学者の個性を記述するほうが効果は高いはずだ。こうして、ラエルティオスは、**ゴシップ記事まがいの哲学者の行動を集め、最後に彼がつくった「詩」によって、哲学者の生涯について辛口コメントを寄せた**のだ。

『ギリシア哲学者列伝』は、今日的な観点からすると、資料そのものの信頼性に批判が寄せられている。しかしながら、当時の状況のなかで、できる限り哲学者たちの資料を残し、哲学者の生涯や行動を興味深く示した。そういう意味で、きわめて重要な仕事であったことは間違いない。

ポイント

哲学者の個性を伝える逸話や奇抜な言行が、哲学への関心を喚起する

6『告白』（397）

アウレリウス・アウグスティヌス

キリスト教への回心のドラマを赤裸々に描いた本書は、キリスト教文学の傑作とされると同時に、後世の哲学や社会に多大な影響を及ぼした

『告白（上・下）』服部英次郎 訳（岩波文庫）

ローマ帝国時代のキリスト教の神学者・哲学者。テオドシウス1世がキリスト教を国教として公認した時期に活動した。『告白』『神の国』などを著し、ローマ＝カトリック教会の理念を確立させ、中世以降のキリスト教に多大な影響を与えた。

キリスト教哲学の始祖

偉大な哲学者は、しばしば時代の転換期に登場する。アウレリウス・アウグスティヌス（354-430）も例外ではない。

彼はローマ帝国が衰退し、まさに滅亡に向かう頃に活動し、次の時代（中世）の中心思想を確立した。

キリスト教はローマ時代にも認められていたが、あくまでも周縁的なものだった。中世になってはじめて、キリスト教は世俗的な力をもつようになる。その基礎を築いたのがアウグスティヌスである。

そう考えると、アウグスティヌスが古代ローマ帝国末期に活動したのに、どうして哲学史的には中世の哲学者とされるのか、了解できるだろう。彼は、**中世全体を支配したキリスト教哲学の始祖**なのである。

アウグスティヌスの母はキリスト教徒であったが、父は異教徒（キリスト教以外）であり、彼自身も若い頃はマニ教に惹かれ、「肉欲に支配され荒れ狂い、欲望のままに」生活した時期があった。つまり、若い頃は、キリスト教はアウグスティヌスのなかでは、決して自明な前提とは言えなかったのである。

こうした状況から、彼自身がまずキリスト教へと回心し、それに基づいて人類全体をキリスト教徒へと導くような思想を形づくっていくのだ。そうした**「回心」のドラマを赤裸々に描いたのが『告白』**（397）である。これは、年齢的には40歳頃までの自伝であるが、「回心」を記述するには十分だろう。

『告白』は、キリスト教文学の傑作とされ、哲学だけでなく後世に大きな影響を与えている。また、20世紀の哲学者も、たとえば分析哲学の提唱者ヴィトゲンシュタインや現象学の創始者フッサールなども、『告白』を引用しながら考察している。

『告白』以外に、アウグスティヌスの代表作には大著の『神の国』がある。これは、**中世のキリスト教の発展における理論的なバックボーン**となっている。

恥ずべき行為を「告白」した理由

まず、『告白』の全体的な構成について確認しておこう。本書は全13巻で構成されるが、その内容について、アウグスティヌスは次のように紹介している。

「私の『告白』13巻は、私の悪と善とについて、正しい善なる神を讃えているし、人間の知性と感情を神に向かうようにかき立てている。しかも私については、その書が書かれたとき、そのことを私のなかに生じさせていたし、いま読まれるときにも生じさせる。人がこの書についてどう思うかは、その人が知ればよいことだが、この書は多くの兄弟たちにとても喜ばれたし、いまも変わらず喜ばれているのを私は知っている。第1巻から第10巻までには私について、残りの3巻には、聖書について、『初めに神は天と地を創造された』(「創世記」1：1)と書かれている箇所から安息日の休息(「創世記」2：4)までのことが記述されている」

ここからわかるのは、肉欲におぼれ、盗みさえ行なった過去の赤裸々な告白(前半)と、「回心」した後、『聖書』をどう理解するか(後半)という内容に分かれている点だ。ただ、後半は少し特殊な内容なので、一般的には前半の部分がよく読まれている。

しかし、根本的な問題は、聖職者となった高名な人物が、どうして恥ずべき行為や非難されそうな事柄を告白するのか、ということである。この問いは、いったい誰のために、アウグスティヌスがこの本を書いたのか、という問題に関連している。

回心への呼びかけの書

『告白』の紹介文で、アウグスティヌスがさりげなく挿入している部分に注目しよう。それによると、彼がこれを書いたのは「多くの兄弟たち」のためである。おそらく彼は、自分自身と兄弟たちの間には大きな違いを認めておらず、むしろ人間として同じように罪を犯したり、間違えたりする、と考えているのであろう。**自分と同様、兄弟たちも罪を犯したとしても、神は人間の罪を許すことができるし、人間もまた回心することができる。**このことを同胞たちに伝えることが、『告白』の意図だと思われる。

そうだとすれば、アウグスティヌスの『告白』は、しばしば「(罪の)懺悔録」であるとともに「(神の)讃美録」であると言われるが、さらには**「(回心への)呼びかけの書」**である、とも言えるのではないか。彼個人の告白は、すべての人に開かれている。

ポイント

人間は誰もが罪を犯すが、神はそれを許し、人間もまた回心できる

7『プロスロギオン』（1077）

アンセルムス

「スコラ哲学の父」と呼ばれる、中世の哲学者アンセルムスが論証を試みた「神の存在論的証明」は、近代のデカルトやカントにも影響を与えた

『プロスロギオン』長沢信寿 訳（岩波文庫）

中世ヨーロッパの神学者・哲学者。1093年から亡くなるまでカンタベリー大司教の座にあった。初めて理性的、学術的に神を把握しようと努めたがゆえに、中世の学術形態「スコラ哲学の父」と呼ばれる。神の本体論的（存在論的）証明でも有名。

信仰を理性によって論証しようとした

中世の哲学者といえば、アウグスティヌスとトマス・アクィナスの名がすぐに挙がる。2人は、中世哲学の初期と後期の哲学者であるが、その2人をつなぐ役割を果たしたのが、カンタベリーのアンセルムス（1033－1109）である。時代はちょうど十字軍が始まる時期で、中世という時代が大きな変革期に入っていた。

アンセルムスはイングランドのカンタベリー大司教に就任しているが、就任した時期は「カノッサの屈辱」（1077）に象徴されるような、聖職者叙任権闘争の時代だった。アンセルムスは王室と教皇のあいだに立ち、政治的な調整を行なうかたわら、神学的な問題をキリスト教徒以外にも説得できるような論証を考えていた。こうした時期に、アンセルムスは『神はなぜ

人間となられたか』を書いている。これは、キリストの受肉という事象について、非キリスト教徒にも説得できる論証を示そうとしたものだ。

一般に、アンセルムスは**「スコラ哲学の父」と称され、今まで信仰において語られていた内容を、理性によって論証**しようとした。

最初の著作である『モノロギオン(独語録)』の中では、「証明はどのようなことも聖書の権威にまったく頼らず、(中略)推理の必然性が簡潔に要求し、真理の明晰性が明らかに証明するものである」と述べられている。この方針を徹底するため、アンセルムスは『モノロギオン』では、「神」という言葉を2か所しか使わなかったそうだ。それ以外では、「最高の本性」「最高の本質」という表現が用いられている。

こうしたアンセルムスの論証として、もっとも有名なものが、一般に**「神の存在論的証明」**と呼ばれるものだ。これは、中世の時代だけでなく、近代哲学のデカルトやカントによっても問題にされるほどで、その影響力の大きさがわかる。

中世哲学の大問題「信仰と理性」

「神の存在論的証明」は、彼の主著『プロスロギオン(対語録)』(1077)の第2章で示されている。しかし、その論証を見る前に、アンセルムスがそれをどう位置づけていたのか、確認しておく必要がある。それは「信仰と理性」にかかわる問題である。

『プロスロギオン』の第1章で、アンセルムスは中世哲学で大問題となる「信仰と理性」の関係について、次のように述べている。

「私の心が信じまた愛しているあなたの真理を、いくらかでも理解することを望みます。そもそも私は信じるために理解することを望まず、理解するために信じています」

ここで「あなた」とされるのは「主」を指しているが、この議論はより一般化できるだろう。そもそも、**「理解するために信じること」**と、**「信じるために理解すること」**は、どう違うのだろうか。

ここで拒否されているのは、理解できることや論証できることだけを信じる（つまり、「信じるために理解する」）ことである。しかし、それだけでなく、信じることだけで十分である（つまり、理解することは不要である）という考えも、退けられている。むしろ、アンセルムスは信じているがために、それをより深い理解へともたらす態度（つまり、理解するために信じること）を求めている。

こうした態度にもとづいて、アンセルムスは「神が真に存在すること」を論証しようとする。その論証は、次のような議論から出発する。

①神は「それより偉大なものが何も考えられない何か」である（定義）

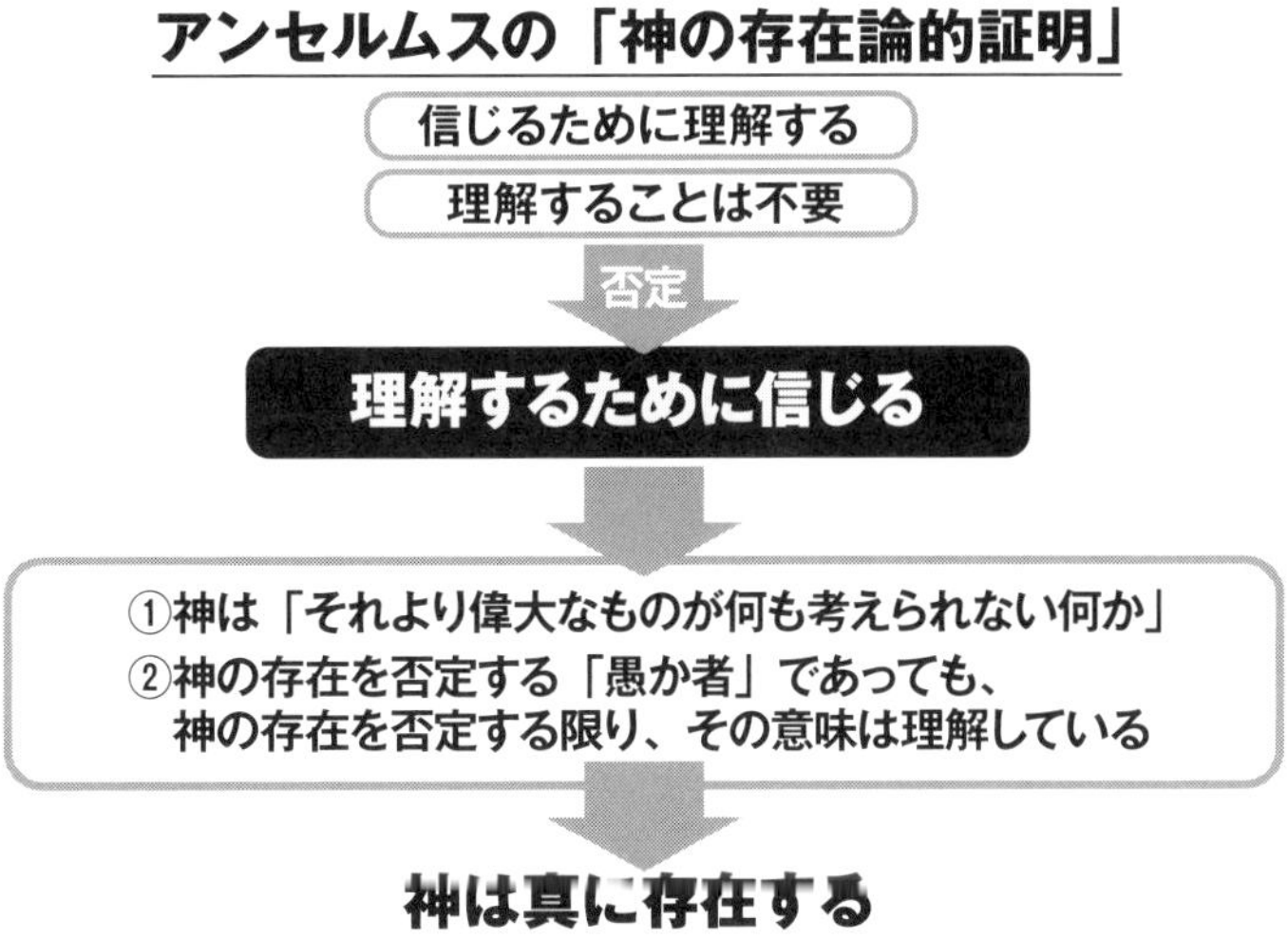

アンセルムスの「神の存在論的証明」

信じるために理解する

理解することは不要

否定

理解するために信じる

①神は「それより偉大なものが何も考えられない何か」
②神の存在を否定する「愚か者」であっても、
神の存在を否定する限り、その意味は理解している

神は真に存在する

②神の存在を否定する「愚か者」であっても、神の存在を否定する限り、その意味は理解している。彼が理解したことは、その理解のうちにあることは認める

帰謬法によって神の存在を証明

この2つの前提から、アンセルムスは神の存在を証明していく。醍醐味を感じていただくため、そのまま引用しておこう。

「もちろんのこと、それより偉大なものが考えられないものが理解のうちにのみあることはありえない。なぜなら、もし少なくとも理解のうちにだけでもあるなら、それが実在としても存在することは考えられうるし、その方がより偉大であるからである。そこで、もしそれより偉大なものが考えられえないもの

が理解のうちにのみあるとなると、それより偉大なものが考えられえないもの自身が、それより偉大なものが考えられうるものである。しかし、たしかに、これはありえないことである。それゆえ、疑いもなく、それより偉大なものが考えられえない何ものかは、理解のうちにもまた実在としても存在する」

ここで使われているのは、帰謬法（あるいは背理法）というロジックだ。もし、「理解」のうちにだけあって、実在として存在しないならば、最初の前提「それより偉大なものが何も考えられないもの」に反することになる。したがって、**理解のうちだけでなく、実在としても存在する**、というわけである。もし、この証明に違和感をもったら、デカルトやカントの批判を読んでみるといいだろう。

ポイント

「理解するために信じること」を通じ、神が真に存在することを論証した

8 『然（しか）りと否（いな）』（12世紀）

ピエール・アベラール

「中世最初の近代人」と称されるアベラールが著した本書は、「読者が自由な議論を楽しめるスタイル」という点で、現代にも通用する知性に満ちた一冊である

『中世思想原典集成 7』所収 上智大学中世思想研究所 編訳（平凡社）

中世フランスの論理学者・神学者。「唯名論」学派の創始者として知られ、後にトマス・アクィナスらによって集成されるスコラ哲学の基礎を築いたとされる。弟子であるアルジャントゥイユのエロイーズとのロマンスでも知られる。

エロイーズとの悲恋物語

かつて中世といえば、近代の「啓蒙（けいもう）（光）」と対比されて、無知と迷信の「暗黒時代」とされることが多かった。しかし今では、こうした中世観はすっかり影を潜め、中世の文化的豊かさが確認されている。

とくに、ピエール・アベラール（ペトルス・アベラルドゥス：1079－1142）が活動した時代は、「12世紀ルネサンス」とも呼ばれ、自由で活発な議論が展開されていた。その中でもアベラールは、**「中世最初の近代人」**と呼ばれるように、その行動といい、考えといい、従来の中世のイメージを覆す革新的な哲学者であった。

まず、有名な恋愛事件を確認しておこう。一般的に、アベラールの名前で有名なのは、**『アベ**

ラールとエロイーズ』という2人の書簡であろう。アベラールは聖職者であるにもかかわらず、20歳以上も離れたエロイーズに恋をして、妊娠させてしまう。そのため彼は、エロイーズの叔父のさしがねで去勢され、2人の仲は引き裂かれたのである。こうした2人の愛の書簡が、近代でも長い間、愛好されてきた。実際、この手の話は、今でもどこかにありそうなことで、900年も前の話とは思えない。

ホッブズやロックに影響を与えた「唯名論」

今度は哲学的な話として、中世の重要な論争（普遍論争）を見ておこう。その発端は、ポルフュリオス『アリストテレス・カテゴリー論への序論』の次の一節である。

「類と種に関して、それが客観的に存在するのか、それとも単に虚しい観念としてのみあるのか、また存在するとしても、物体であるのか、非物体的なものであるのか、また〔非物体的なものであるならば〕離在可能なものなのか、それとも感覚対象の内に、これらに依存しつつ存在するのか、という問題」がある。

この問題に対して、アベラールは後者の立場をとり、**「唯名論派」**と呼ばれるようになった。そして、この唯名論は近代になって、ホッブズやロックといった経験論者たちが踏襲することになる。

こう考えると、アベラールは近代に先駆け、その準備をした哲学者であることがわかる。

「賛成意見」と「反対意見」を併記

こうしたアベラールの特徴は、名前がもっとも知られた著作『然りと否』でも確認することができる。しかし、その内容については、あまり馴染みがないかもしれないので、あらかじめ簡単に確認しておくことにしよう。

『然りと否』というのは、**「神学の中心的な問題をはじめとして、倫理学なども含めた広範囲に及ぶ158の問題に対して、教父たちの命題を集めた」**ものである。それぞれの問題に対して、「20以上の教父の教説が集められている」が、教父の教説を集めることは、当時としては必ずしも珍しいわけではなかった。では、その他のものと、どこが違っていたのだろうか。

それは、『然りと否』が、教父たちの教説を単に集めただけでなく、それぞれの問題に対して、**「然り」という教説と「否」という教説に分けて、両論併記のような形で示したこと**である。しかも、著者のアベラールは、対立した意見を調整したり、解決を与えたりすることはなく、意見の対立や矛盾した考えも、あえてそのまま提示して、読者自身に判断を委ねている。そのため、序文では次のように述べられている。

「この種の文字は信ずべき必然性をもってではなく、判断する自由をもって読むべきである」

こうした内容を読む限り、アベラールの著書は近代どころか、現代にまで通じる意図を示しているのではないだろうか。

読者に対する教育の書として具体的な問題を提示し、それに対して賛成意見と反対意見を明記し、それぞれについてその論拠を確認する手法は、現代でも十分通用する。しかも、**あらかじめキリスト教の立場に加担して議論するのではなく、それに対する反対意見や理論そのものの矛盾などを示すことは、知性の自由な態度を養成する**だろう。

「暗黒時代の中世」といったイメージは、アベラールの議論からは遠く離れていて、アベラールの著書は自由な議論を楽しむ現代的な知性を感じさせるのではないだろうか。

ポイント

「然り」と「否」を両論併記し自由な議論を促す手法は現代でも通用する

9『神学大全』（13世紀）

トマス・アクィナス

日本語訳に50年かかった、全45巻の大作。「キリスト教とアリストテレス哲学の統一」を成し遂げたトマスが、本書を通じてあきらかにしたこととは？

『神学大全（Ⅰ・Ⅱ）』山田晶 訳（中公クラシックス）

イタリアの神学者・哲学者・聖人。ナポリ大学でドミニコ会やアリストテレス哲学に接し、家族の反対に遭いながらもドミニコ会で修業を続け、パリ大学神学部教授に就任。他派との論争に明け暮れながら「学としての神学」を完成させた。

スコラ哲学の完成者

11世紀末から13世紀にかけて、ヨーロッパ各地に「大学」と呼ばれる組織が生まれた。そうした**「学校（スコラ）」を中心に形成された哲学が「スコラ哲学」**だ。「スコラ哲学の完成者」と呼ばれるのが、トマス・アクィナス（1225‐1274）である。彼はイタリア出身の聖職者であるが、パリ大学神学部教授となって、スコラ哲学の完成に励んだ。

トマス哲学を特徴づけるとき、しばしば**「キリスト教とアリストテレス哲学の統一」**と言われる。そこには1つの歴史的な事情が働いている。じつはキリスト教世界には、12世紀までアリストテレスの著作はほとんど知られていなかった。論理学関係の『カテゴリー論』と『命題論』が、ラテン語の翻訳で読まれていた程度である。ところが、12世紀半ば頃から、それ以外の著作がアラビア語訳などを経由して少しずつ知られるようになる。それでも、**アリストテレスの著作が流布するようになるのは13世紀以降**とされている。

したがって、トマスがアリストテレスの哲学を使ったとき、アリストテレス哲学はいわば流行の哲学だったのだ。たとえば、次のように語られることもある。

「客観的な年代としては千数百年も前の哲学者であるアリストテレスのテクストが、12世紀から13世紀にかけてのラテン・キリスト教世界においては、斬新な『現代思想』として立ち現れてきていたのである」(『トマス・アクィナス』山本芳久著、岩波新書)

しかし、「スコラ哲学」といえば、近代の哲学者たちにとっては、無用で煩わしい議論をもてあそぶものとして、たいてい批判的に言及される。とすれば、キリスト教とアリストテレス哲学を結びつけたとしても、どこに意義があるのだろうか。アリストテレスの概念装置によって、単にキリスト教の信仰を煩雑にしただけなのではないだろうか。

512もの問題で構成される

トマスの主著は『神学大全』であるが、これは著書という言葉で理解されるものとは違っている。本書の日本語訳は50年以上かけてやっと2012年に完成したが(創文社刊)、**なんと全体は45巻もある**のだ。「大全」と言われるだけあって、その量は圧倒的である。「ラテン語原典ではなく、邦訳であっても、この書物を通読したことのある日本人は、いまだほとんどいないだろう」と語られるほどだ。

しかも、「大全」という言葉は単に量的な大きさを表現するだけでなく、著作としての「体系性」を表している。それぞれの箇所は全体の中で位置づけられ、相互に関係づけられている。

そもそも、トマスが『神学大全』を書いたのはなぜだろうか。

彼は、その序文で、「われわれの意図するのは、キリスト教に関することがらを、初学者を導くにふさわしい仕方で伝えること」だと語っている。

『神学大全』は初学者への入門書として、次のような構成により全体で512の問題が取り扱われる。

第1部：神について　119問
第2部：人間について　303問
第3部：キリストについて　90問

「キリスト教の神」と「アリストテレス哲学の神」の両方を肯定

叙述の形式について簡単に確認しておこう。初めに「問題」が提示される。たとえば、最初の問題として「聖なる教えとはいかなるものであるか、またいかなる範囲に及ぶか」という問いを立て、そこに含まれる問題を10項に分けて、あらためて問題を立てる。第1項は、「哲学的諸学問以外に別の教えをもつ必要があるか」という問題である。この問いに対して、異論を述べ、その理由を明らかにする。その理由として、トマスはここでは2つほど挙げている。

次に、その異論に反対する対論が提示され、先の理由に対して反論していく。最終的に、第1項の問いに対して、次のように答えるのである。

「聖なる教えに属する神学（テオロギア）と、哲学の一部門とされるあの神学（テオロギア）とは、類的に異なっているのである」

こうした議論は、きわめて形式的に見えるが、この問いによりトマスは「キリスト教の神」と「アリストテレス哲学の神」の関係を論じ、そのいずれの存在も肯定すると主張したのである。この議論の進め方を見るだけでも、『神学大全』の特徴について、おぼろげながらも理解できるのではないだろうか。

ポイント

「問い」から始まる議論を通じて、キリスト教とアリストテレス哲学を結びつけている

10『痴愚神礼讃』（1511）

デジデリウス・エラスムス

ラテン語を駆使してグローバルな活躍をしていたエラスムスが気分転換に書いた本書は、ヨーロッパ各国で翻訳され、ベストセラーとなった

『痴愚神礼讃』渡辺一夫訳（岩波文庫）

1466年ロッテルダムに生まれ、1536年バーゼルで死去。カトリックの司祭、神学者で、人文主義者。エラスムスが手がけた、ラテン語・ギリシア語対訳の新約聖書は広く読まれ、その思想は宗教改革期の全ヨーロッパに影響を及ぼした。

暇つぶしに1週間で書いたベストセラー

ヨーロッパのルネサンスを考えるとき、「キリスト教的神学主義からギリシア的人文主義へ」と理解するのが一般的である。

しかし、この見方は一面的であって、ルネサンスの意義を見失うばかりか、それと連動して起こった「宗教改革」との関連も理解できなくなるだろう。

とりわけ、ルネサンスと宗教改革をつなぐデジデリウス・エラスムス（1466-1536）の活動を考えるとき、キリスト教と人文主義との対立ではなく、むしろその関連性に着目したほうが有効である。

エラスムスは、オランダ出身で「ロッテルダムのエラスムス」と呼ばれている。その活動はフランス、イギリス、イタリア、ドイツ、スイスなど、ヨーロッパ全域にわたっている。今風に表現すれば、**堪能なラテン語を駆使し、グローバルなネットワークを形成した思想家**と言えるだろう。

たとえば、『ユートピア』を書いたイギリスの政治家トマス・モアとは、終生の友であったし、ドイツで宗教改革を始めたルターとは激しい論争を繰り広げている。さらには、ラテン語とギリシア語を同時に掲載した『校訂版　新約聖書』（1516）を出版した。それは**「西洋で初めて学術的に校訂されたギリシア語新約聖書」**と言われ、その影響はヨーロッパ全体にまで及んでいる。

学術的な出版とは別に、一般の人々にも大きな反響を生み出したのが、1511年に刊行された『痴愚神礼讃』だ。本書は、エラスムスが1509年にロンドンに滞在して、友人のトマス・モアのもとで過ごしていたときに着想したもので、わずか1週間ほどで書き上げたと言われている。

エラスムスによると、「暇つぶしに、まあ面白半分で書き始めた」もので、最初は「出版するつもりはなく、気分転換」だったそうだ。

原語はラテン語であったが、ヨーロッパ各国で翻訳されてベストセラーになった。これもまた、現代のグローバルな状況と類似している。

人々の愚行を暴露する「喜劇」

本書は、痴愚の女神モリアー（Moria）が聴衆を前に演説するという場面設定で書かれている。その内容たるや、聖書やギリシア・ローマの古典をネタにし、人間社会の愚かさをあらわにして風刺するものだ。**その基本にあるのは「笑い」であり、当時の権威的な人々（王や貴族、聖職者、学者など）を徹底的に笑いとばしている**。

このスタイルは、一般的には「権威への批判」と理解されることが多い。そのため、教会などからは禁書扱いされてきた。

しかし、批判だけだとしたら、「笑い」は必要ではないだろう。むしろ、批判には怒りが適切である。ところが、『痴愚神礼讃』の基本は笑いであって、人々のばかげた行動をあげつらって、軽くこき下ろすことが目指されている。本書は、悲劇というより、喜劇（パロディー）の上演なのだ。

しかし、人々の愚行を暴露するのが、どうして喜劇になり得るのだろうか。

その理由は、愚かな行為が、一部の特権的な人々に限られるわけではなく、自分自身も含めて、すべての人々にも見出されるからだ。愚かな人の行為を見せつけられて笑いつつも、同時に自分自身にも思い当たる。

つまり、他人の行為のように見えた愚かさが、実は自分自身の愚かさであり、それを見せつけられることで、笑うしかないのである。

「人間の愚かさこそが、その本質である」という認識が、エラスムスの思想には横たわっている。したがって、次のような文章を読むとき、キリスト教に対するエラスムスの批判というより、キリスト教と人間に対する深い洞察を認めなくてはならない。

「これは結局、あらゆる人間は、信仰篤いものでさえ痴愚だということを意味しているにほかなりません。キリストご自身も、この人間たちの痴愚狂気を救うために、自らは神の知恵の具現であったにもかかわらず、『人の形で現われたもう』べく人間の本性全体を担われたときに、いわば痴愚狂気を自らにまとわれたのです」

ポイント

「愚かさこそが人間の本質」という視点からキリスト教と人間を深く洞察している

第2章

どうすれば正しい判断ができるか？

「理性とは何か」がわかる名著10冊

11『エセー』（1580）

ミシェル・ド・モンテーニュ

モラリストの第一人者モンテーニュ。彼が世に送り出した随筆の中で多くのページを割いたのが、神学者「スボン」を弁護する記述である

『エセー（一〜六）』原二郎 訳（岩波文庫）

フランスの思想家・モラリスト。古典的名著である『エセー』は、古典知識の集大成であると同時に、知識人の教養書として古くから受け入れられ、その真理探究の方法、人間認識の深さによってデカルト、パスカルなどの思想家に影響を与えた。

「随筆」という文学ジャンルのはしり

ルネサンスは、14世紀から16世紀に展開されたヨーロッパの文化運動であるが、地域ごとにその内実は少しずつ違っている。それでも、「人間」を中心に据え、鋭い洞察を行なう点では、みな共通である。

その中で、フランスを代表するルネサンス期の思想家が、ミシェル・ド・モンテーニュ（1533-1592）である。ボルドー地方の貴族であり、一時期は法官職にもついたが、退いた後は自宅で執筆活動を続けた。

彼は、**フランスが行なった2つの戦争（イタリア戦争とユグノー戦争）を経験し、宗教戦争の悲惨さを肌で感じながら、ひとときの心の安らぎを求めて思索を重ねていった。**その彼のモットーが、部屋の壁に刻まれた**「自由と平安と閑暇」**だったのは象徴的である。

モンテーニュは、一般にフランス・モラリストの最初の人物として理解されている。「モラリスト」というのは、いわゆる「道徳家」を指すわけではなく、むしろ人間のあり方を細やかに観察し、軽いタッチで描く人のことだ。モンテーニュの後には、パスカルがそう見なされているほか、哲学者ではないが、ラ・ロシュフコーやラ・フォンテーヌなどもこの系列で考えられている。

モンテーニュの主著『エセー（随想録）』（1580）は、**随筆（エッセイ）と呼ばれる文学的なジャンルを開拓した、画期的なスタイルの本**である。

「エセー」のもともとの意味は「試み」や「企画」であるが、それを意識しながら、モンテーニュは次のように書いている。

「判断力は何にでも向く道具であって、何にでも首を突っ込む。したがって、今ここで行なっているその試みにあたって、私はどんな機会をも用いる。皆目わからない事柄であっても、私はそれに判断を試してみる」

こうして、人間にかかわるさまざまな事柄を観察し、そこから判断を試み、記述することが『エセー』の基本的な特徴になっている。1580年の初版の出版の後、1588年に増補改訂版が刊行され、全体として107の「エセー」が収録された。

神学者「スボン」への弁護

『エセー』は、そのタイトルからしても、統一的なテーマを論じるというより、雑多な思惑の集成のように見える。そのため、一つひとつの断章は面白くても、全体として何を語っているのか、統一的な主張が何なのか、なかなかつかみづらい。はたして、『エセー』は何をねらった書物なのだろうか。

『エセー』のなかに、**「レーモン・スボン弁護」**と題される長大な章（第2巻第12章）がある。これは、『エセー』全体の7分の1を占めるほどの分量であり、モンテーニュが最も力を入れた叙述であることは間違いない。

したがって、『エセー』の中心的な考えを理解するには、何よりもこの章に目を向けなくてはならない。ちなみに、スボンというのはスペイン出身の神学者で、『自然神学あるいは被造物の書』を著わしている。

スボンはその著書の中で、人間理性に依拠しながらキリスト教の真理性を証明しようとしたが、この立場には従来から2つの批判が寄せられていた。その1つは、信仰至上主義の立場であり、信教の領域に人間理性を持ち込むことに対する批判である。もう1つは、逆に理性主義の立場であり、信仰に対して理性が重要であることを強調する。こうして、スボンの著書には、

モンテーニュの「懐疑論」

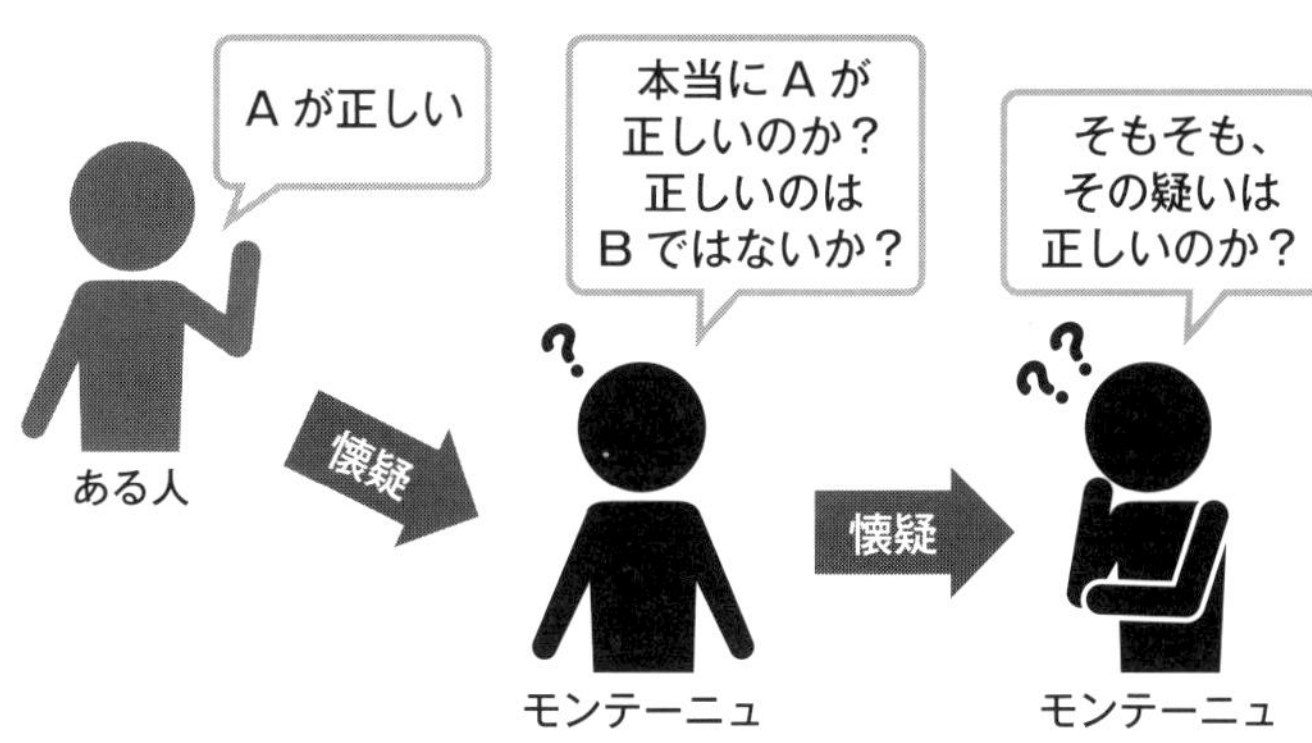

➡「私は何を知っているか？」と徹底的に疑った

2つの方向から批判が展開されていたわけである。

懐疑論「私は何を知っているか？」

この批判に対して、モンテーニュがもっぱら繰り広げたのは、**理性主義の立場に対する再批判**である。彼は、人間理性や判断に対して、その無力さを力説し、「懐疑論」を展開したのだ。

あらゆる知識に対して、モンテーニュは徹底的に疑い、さらにはその疑いそのものさえも疑う。この徹底的な懐疑方針は、「私は何を知っているか（クセジュ：Que sais-je?）」という標語になっていた（フランスでは、これにならったクセジュ文庫がある）。

こうした懐疑論こそが、モンテーニュの『エセー』を導く原動力といえるが、これはある面ではスボン弁護という彼の意図を裏切ってしまうものでもあった。理性を疑い、判断を中止すれば、スボンの理性論的立場が危うくなるからである。

スボンは理性によって信仰を補強しようとしたが、モンテーニュはスボンを弁護するために理性に対する懐疑を表明したのである。

スボン弁護というモンテーニュの意図が首尾よく成功したかどうかは別にして、『エセー』の統一的な立場としては、**人間理性に対してさえも懐疑する徹底的な懐疑主義**が特徴として挙げられるだろう。

ポイント

モンテーニュは人間理性や判断などを徹底的に疑い、その疑いそのものさえも疑った

12『ノヴム・オルガヌム』（1620）

フランシス・ベーコン

『ノヴム・オルガヌム――新機関』桂寿一 訳（岩波文庫）

「実験的哲学の父」として知られるベーコンは、本書を通じてアリストテレスに代わる新たな論理学を提唱し、近代科学の道を拓いた

イギリスの哲学者・政治家。父は政治家ニコラス・ベーコン。1582年に弁護士、1584年に下院議員となる。法務長官、枢密顧問官などを歴任するが、収賄で起訴されて貴族院と司法界から追放された。著書に『学問の進歩』『随筆集』など。

人間が自然を技術的に支配する

ルネサンスから近代に向かう過渡期において、新たな思考の方向性を打ち出したのが、イギリスの哲学者フランシス・ベーコン（1561－1626）である。アドルノとホルクハイマーの『啓蒙の弁証法』によれば、「ベーコンは数学の知見は乏しかったけれど、彼に続く学問の向かうところを見事に射当てている」。

では、思考の方向性として、彼は何を打ち出したのだろうか。

ベーコンの有名な言葉とされているのは、**「知は力なり（Scientia est potentia）」**である。しかし、この言葉はそのままの形ではベーコンの著書の中にはなく、実際にはトマス・ホッブズの言葉である。ベーコンの言い方では、**「人間の知と力は合一する」**となっている。これは、人間が自然を技術的に支配するという、近代思想の原点ともなっている。そのため、18世紀の哲学者ヴォルテールは、ベーコンを**「実験的哲学の父」**と呼んでいる。

余談であるが、ベーコンの活動した時期がシェークスピアと重なることもあって、「ベーコン＝シェークスピア同一人物説」が、まことしやかに語られることがある。しかし、これを明らかにするような証拠が出されたわけではない。

ただ、2人が同じ時代の人物であることは、明記しておいてもいいだろう。一方にベーコンの実験哲学があり、他方にシェークスピアの演劇がある。**ともに「人間」を中心に、近代へ向かっている**。

ベーコンの著作として親しまれているのは、英語で書かれた『随筆集』や『学問の進歩』、あるいはユートピア論の『ニュー・アトランティス』などであろう。しかし、哲学的な代表作は、ラテン語で書かれた『ノヴム・オルガヌム（新機関）』（1620）であり、タイトルからもその意気込みが感じられる。

では、『ノヴム・オルガヌム』は、どのような点で新しく、画期的なのだろうか。

観察や実験を重視する「帰納法」を提唱

まず、タイトルは、アリストテレスの『オルガノン』と呼ばれる論理学関係の著作に対して、学問全体の刷新を図ることを宣言している。つまり、ベーコンの著作は、アリストテレスの『オルガノン』に代わる「新オルガノン」であり、**新たな論理学がここから始まる、**というわけである。

こうした壮大な試みのうちに、ベーコンの『ノヴム・オルガヌム』は構想されている。ベーコンは『ノヴム・オルガヌム』の序文において、彼の学問体系の全体を示しながら、それを**「大革新」**と呼んでいる。

ここでは、ベーコンの「大革新」について、詳細に説明することはできないが、ベーコン自身も細部にわたって展開しているわけではない。彼の「大革新」は、あくまでも予定表のようなものだと考えたほうがいい。それでも、重要な論点については触れておかなくてはならない。

1つは、**アリストテレスの論理学に代わるものとして、ベーコンが「帰納法」を提唱していることである。**たとえば、次のように語っている。

「通常の論理学においては、その労力はほとんどもっぱら三段論法について費やされ、帰納法については、論理学者たちはほとんど真面目に考えずに、ほんの軽く触れるだけでやり過ごして、討論の公式に急いでいるのである」

「帰納法」は、観察や実験を重視する近代科学の方法として、きわめて有効に働く。個々の具体的なものから出発し、そこから一般化して普遍的な法則を導き出すのは、近代科学の基本的

ベーコンの帰納法

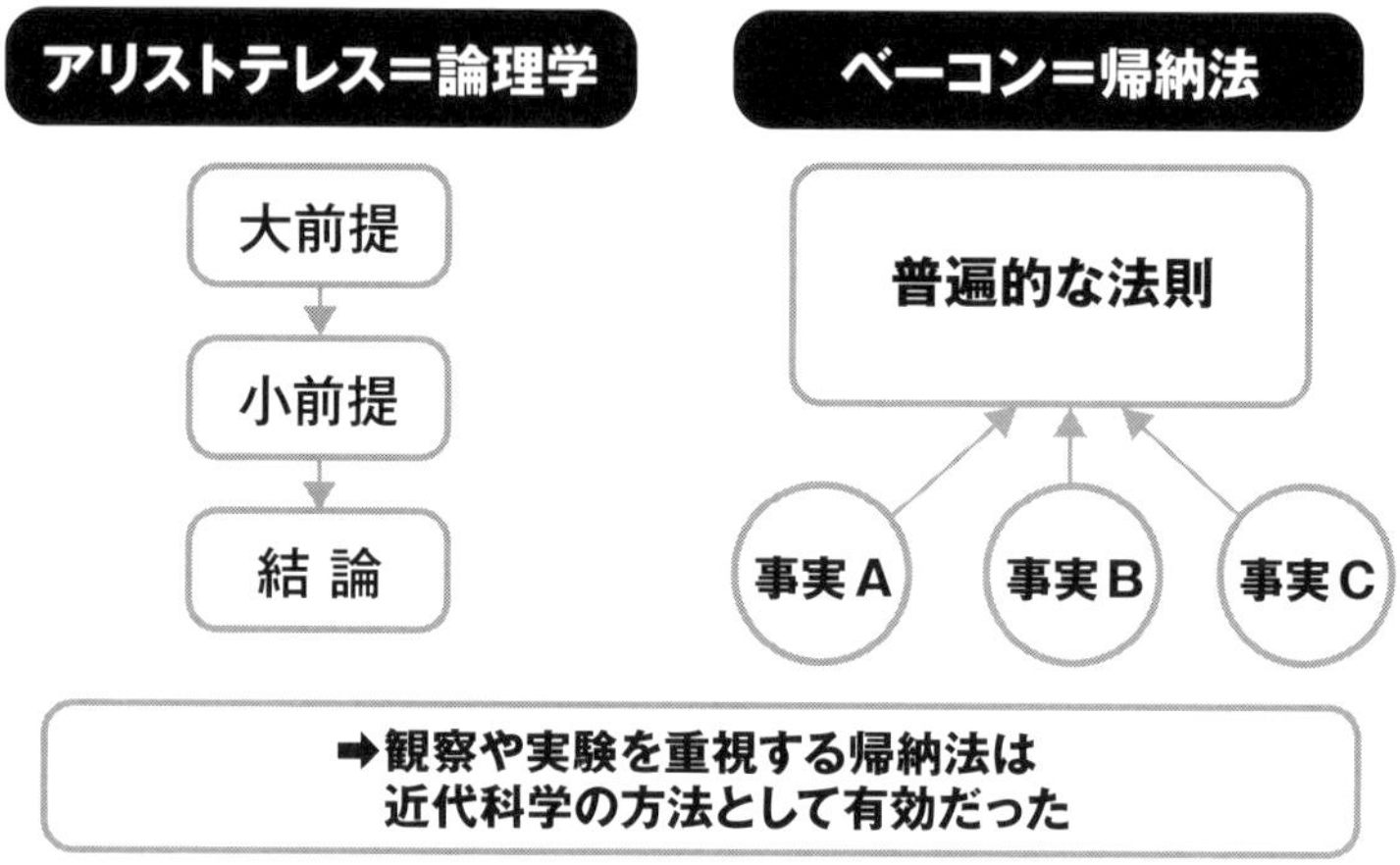

アリストテレス＝論理学

大前提
↓
小前提
↓
結 論

ベーコン＝帰納法

普遍的な法則

事実A　事実B　事実C

➡観察や実験を重視する帰納法は
近代科学の方法として有効だった

な方針となっている。

それに対してアリストテレス的な演繹法は、ベーコンによれば、「具体的な経験を無視して、原理原則だけで自然を理解しようとした」ということになる。アリストテレスの論理学が、スコラ哲学・神学に利用され、近代科学と対立したのは周知のことであろう。

人間の知性を歪めてしまう「イドラ」

注目したいもう1つの論点は、ベーコンの**「イドラ論」**である。言葉としては、「像」を意味する「イドラ」に対して、ベーコンは「幻像」や「偏見」というバイアスをかけて理解している。いわば、「迷信」のように人間の知性を歪めてしまう像、これが「イドラ」なのである。

ベーコンは、こうした「イドラ」を4つ（「種族のイドラ」「洞窟のイドラ」「市場のイドラ」「劇場のイドラ」）に分けて説明している。

ここでは詳しく分析はできないが、こうした**「イドラ」から解放されて、事物をありのままに見ること**が、ベーコンの提案であることは理解できるだろう。そして、この考えは近代の科学や哲学の基本的な発想になったのである。

ポイント

アリストテレスの演繹法に対して、ベーコンは帰納法を提唱し、近代科学の礎を築いた

13『リヴァイアサン』（1651）

トマス・ホッブズ

『リヴァイアサン（1〜4）』水田洋 訳（岩波文庫）

ピューリタン革命や名誉革命でイギリスが危機的な状況にあった時代、機械論的唯物論を提唱していたホッブズは、本書で根本的な解決策を提示した

イングランドの哲学者。英国国教会牧師の次男として生まれる。幼い頃からラテン語とギリシア語を学び、オックスフォード大学に入学。『法の原理』（1640年）が議会派から非難されパリに亡命。パリ滞在中に『リヴァイアサン』を刊行した。

デカルトの二元論に対抗

デカルトがヨーロッパで広く知られるようになった17世紀、デカルトより少し年長の哲学者トマス・ホッブズ（1588-1679）は、その当時、母国イングランドからフランスに亡命していた。

彼が社会的に注目されるようになるのはデカルトよりも後で、デカルトとはまったく違った哲学を形成している。

デカルトは二元論を提唱し、精神と身体が異なる実体だと考えた。それに対して、ホッブズはむしろ機械論的唯物論を形成し、デカルトに対抗したのである。

ホッブズの思想は、次のようなものだ。

・人間の知性は身体器官の運動であって、精神のはたらきは物体と異なるわけではない（唯物論）

・人間の認識は、すべて感覚的な知覚に源泉があり、普遍的本質には実在性などない（経験論と唯名論）

・「自由意志」といった精神のはたらきはなく、それは物体の運動であるような「欲求」に他ならない（意志の否定）

こうした考えを形成したホッブズの最も有名な著作が『リヴァイアサン』（1651）である。本書は、亡命していたフランスで執筆されたが、出版されたのはロンドンである。

ホッブズが活動した17世紀は、「戦争と内乱」の世紀と呼ばれている。実際、「権利の請願」やピューリタン革命、名誉革命などがあって、社会的には内戦が続いていた。こうした、いわば「危機的」状況に対して原理的な解決策を提示するため、ホッブズは『リヴァイアサン』を書いたのである。

地上の神「リヴァイアサン」

『リヴァイアサン』の正式なタイトルは、『リヴァイアサン、あるいは教会的および市民的なコモンウェルスの素材、形体、および権力』となっている。ここで言う「リヴァイアサン」とは、旧約聖書に登場する怪物（レヴィアタン）に由来している。この怪物は、海中で最強の生物とされ、中世以降は悪魔のように見なされていた。

ところが、ホッブズはこれを人造人間のような姿で描き、**「人間に平和と防衛を保証する『地上の神』」**と考えた。

『リヴァイアサン』の内容は、**①人間本性論、②自然状態論、③自然法論、④国家論**という順序で組み立てられている。この流れで簡単に説明することにしよう。

①人間本性論

ホッブズの出発点は、「人間は神によって創造された」という発想をとらないことである。「《自然》は人間を身心の諸能力において平等につくった」という表現は、彼の唯物論的立場とともに、近代的な人間の平等性を明確に主張している。こうして、**平等につくられた人間たちによって、国家（コモンウェルス）がどのように形成されるのか**、これが『リヴァイアサン』の中心問題である。

②自然状態論

人間が身心の能力において平等であれば、どうなるのだろうか。ホッブズのユニークな視点

『リヴァイアサン』の流れ

①人間本性論
平等につくられた人間たちによって、国家（コモンウェルス）は形成される

人間の中に共通した権力が成立していない。「万人の万人に対する闘争」＝自然状態

③自然法論
人間が安心して生活するため、互いに同意できる自然法を形成

④国家論
各人の権利を放棄することによって国家が可能になる

は、「人間は戦争と呼ばれる状態、各人の各人に対する戦争状態にある」と考えることだ。一般に**「万人の万人に対する闘争」**と表現されているが、これを彼は、**人間の「自然状態」**と呼んでいる。ここで「自然状態」と呼ばれるのは、人間相互の中で共通した権力が成立していないからである。

③自然法論

しかし、「自然状態」では戦争が絶えず、安心して生活することもできない。そこで、各人が平和を達成し、安心して生活するため、互いに同意できる法を形成する必要がある。それをホッブズは、**「自然法」**と呼ぶ。ここで重要な点は、自然法が成立するためには、各人の万物に対する権利（Right）を放棄しなくてはならないことだ。

④国家論

こうして、各人の権利を放棄することによって国家が可能になる。ホッブズは、**この国家を1人の人格のように見なし、「リヴァイアサン」と呼ぶ**。したがって、この権力は、各人から独立した絶対的な主権をもつにいたるのだ。

『リヴァイアサン』の展開については、深刻な難問が設定されているがゆえに、従来から「ホッブズ問題」が指摘されてきた。それによると、ホッブズは、各人の自由な行動から出発し、「万人の万人に対する闘争」に直面する。一方で、その闘争を解決するために、各人の自由を放棄して強大な国家権力を承認する。これによって、各人の安全と社会的な平和は訪れるかもしれないが、各人の自由はどうなるのか。

各人は、自分の自由な権利を譲渡することによって、独裁的な国家を形成するのだろうか。これは、ある意味で近代国家につきまとう根本的な問題と言えそうだ。

ポイント

各人が自由を放棄することによって、各人から独立した強大な国家権力が生まれる

14『方法序説』（1637）

ルネ・デカルト

「われ思う、ゆえにわれあり」の言葉で有名なデカルトが試みたのは、あらゆる知識を疑うということ。その結果、「全学問の基礎」となる論理を見出した

『方法序説』谷川多佳子 訳（岩波文庫）

フランスで生まれる。イエズス会系のラフレーシ学院でスコラ哲学や数学を、ポアティエ大学で法学と医学を学ぶ。欧州の科学者たちの知己を得て、数学や光学の研究に携わる。『方法序説』『哲学原理』などの著作で近代哲学の基礎を築いた。

さまざまな学問の「根」を築く書

近代哲学を切り開いた哲学者と言えば、誰よりもまず、ルネ・デカルト（1596 - 1650）の名が挙げられるだろう。「コギト（われ思う）」の確実性から出発し、それに基づき知識を組み立てるデカルトの問題設定は、しばしば**近代主観主義**と呼ばれてきた。

若い頃から、デカルトが数学に興味をもち、解析幾何学を考案したことはよく知られている。しかし、デカルトは何よりも数学の知識の明証性を高く評価していたのだ。そこで彼は、**数学のような明証的な知識を得るにはどうすべきか**、根本から検討することにした。その経緯をいわば自伝風に書き記したのが、『方法序説』（1637）である。

今日、『方法序説』として出版されているのは、もともとボリュームのある書物の、最初の部分にすぎない。正式なタイトルは、次のようなものだ。
『理性をよく導き、もろもろの学問において真理を求めるための方法についての序説、および3つの試論（屈折光学・気象学・幾何学）』

このタイトルからもわかるように、幾何学を含む3つの科学論文の、いわば序説として『方法序説』は出版されたのだ。つまり本書が、**さまざまな学問の基礎として位置づけられている**ことに注意しなくてはならない。

学問のあり方は、しばしば樹木にたとえられる。たとえば、立派な幹と枝が生い茂るためには、その根が確固としていなくてはならない。デカルトは、こうした確実でしっかりとした諸学問の根を築くために、『方法序説』を書いたと表現することもできるだろう。

ちなみに、こうした樹木的な学問観に対抗するものとして、現代のドゥルーズとガタリは『リゾーム』を出版している。彼らは、デカルト的な「樹木（ツリー）」モデルに対抗する形で、書物や学問間の関係を「地下茎」のイメージによって捉えている。

あえてすべてを疑う「方法的懐疑」

デカルトの『方法序説』は、フランス語で書かれ、自伝的な内容を含んでいるので、論文よりも気軽に読むことができる。それに対し、内容的にはほぼ重なっている『省察』のほうはラテン語で書かれ、学問的な厳密性をねらっている。その点で、『方法序説』はデカルト哲学入門として最適であり、デカルトの思想的発展を具体的な形で理解できるようになっている。

デカルトによれば、本書がめざしているのは、**「私がいかなる方法で自分の理性を導こうと努めてきたかを示す」**ことである。それは、「各人が理性をよい方向へ導くために取るべき方法を教えようとする」ことではない。あくまでも自分自身を例にして、確実な知識を得るにはどうしてきたか、を示しているのである。

その点で、**『方法序説』は一人称の記述であり、自伝が基本的な内容**となる。ここでも、「コギト（われ思う）」の原則は貫かれている。

自伝によると、デカルトは「ヨーロッパの最も有名な学校の一つ」で学んだにもかかわらず、「多くの疑いと誤りに悩まされ」ていた。そこで彼は一大決心をして、あらゆる知識をいったん疑ってみることにした。確実な知識を得るために、あえてすべてを疑うという意味で、**「方法的懐疑」**と呼ばれている。

確実な知識など何ひとつ存在しない

では、方法的懐疑は具体的にどのように遂行されるのか。

ポイントは、**「感覚的知識に対する懐疑」**と**「理性的知識に対する懐疑」**の2つに分けられ、

デカルトの「方法的懐疑」

感覚的知識に対する懐疑　　理性的知識に対する懐疑

確実な知識など何もない

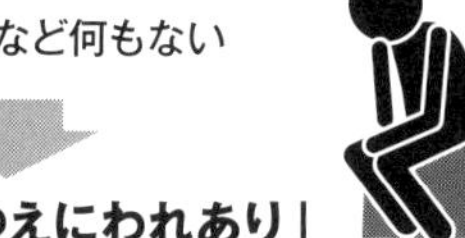

「われ思う、ゆえにわれあり」

たとえどんなに欺かれていたとしても、そう思っている私はある

➡デカルトは、最終的な懐疑の果てに、「全学問の基礎」を見出した

それがさらに2段階で行なわれることだ。

まず、「感覚的知識に対する懐疑」を取り上げてみよう。

なぜ懐疑が可能かと言えば、1つは感覚が時として錯覚のように人を欺くからであり、もう1つは感覚的な経験がもしかしたら夢かもしれないからである。こう考えると、感覚的知識は、たとえありありと感じていても、いつでも疑うことができるのだ。

次に、「理性的知識に対する懐疑」はどうだろうか。懐疑が可能になる理由は、1つは理性といえども間違うことがあるからであり、もう1つは悪い霊を想定すれば人を常に誤らせることも可能だからである。そうだとすれば、理性的知識といえども、それが真であるかを疑うことができるわけである。

このように感覚的知識であれ、理性的知識

であれ、いったん懐疑のなかに投じれば疑うことができる。とすれば、**何も確実な知識などないのではないだろうか**。デカルトの方法的懐疑は、最終的にここまで行きつくことになる。

このとき、デカルトが出した答えが、**「われ思う、ゆえにわれあり」**であった。たとえどんなに欺かれていたとしても、そう思っている私はある。こうして最終的な懐疑の果てに、デカルトは1つの答えを見出したのだ。

この答えは、一見すると特別な意味はなさそうに思われるかもしれないが、デカルトはここに**「全学問の基礎」を見出した**のである。

デカルトは、この定式の中に含まれる論理構造を取り出し、それに基づいて学問を組み立てていくことになる。このように、「われ思う」から出発して、すべての知識をそこから導こうとした点で、**デカルトは近代哲学の出発点に立つ**と言えるだろう。

ポイント

あらゆる知識を疑った末に行き着いたのが「われ思う、ゆえにわれあり」

15『パンセ』(1670)

ブレーズ・パスカル

「理性はゆるぎないもの」と見なしていなかったパスカルが、独自の視点から人間のあり方を描いたのが、「考える葦」のフレーズで有名な本書である

『パンセ(上・中・下)』塩川徹也 訳(岩波文庫)

フランスの数学者・物理学者・哲学者。16歳で『円錐曲線試論』を発表して世を驚嘆させる。「パスカルの原理」の発見など科学研究でも業績をあげる。著作『護教論』は完成を見なかったが、残された準備ノートが死後『パンセ』として出版された。

人間はきわめて脆弱な存在である

ブレーズ・パスカル(1623-1662)といえば、早熟の天才として、一般には数学や自然科学の分野でよく知られている。その彼が遺稿として残したものをまとめ、1冊の本として出版されたのが『パンセ』(1670)である。

本書は彼が自分の手で出版したわけではなく、タイトルも編集も、他人に委ねられたものだ。そのため、編集もいくつかのパターンがあり、その編集の違いによって、イメージも大きく変わってくる。

パスカルを理解するには、**モンテーニュとデカルトという2人の先行者たちと対比するのがよい。**

モンテーニュはパスカルよりも1世紀前の思想家で、モラリストとしてパスカルのモデルとなっている。実際、モンテーニュの『エセー』（64ページ参照）からさまざま引用したうえで、変更を加えながら自分の文章を書き綴っている。

たとえば、『パンセ』には**「考える葦（あし）」**という有名な断章があるが、これでさえもモンテーニュの『エセー』に類似した表現が見出される。おそらく『エセー』を横に置きながら、『パンセ』を書いたのではないか、と言われている。

一方、デカルトは、パスカルよりも30歳近く年長であるが、数学や科学に対する才能という点では似通っている。ところが、パスカルは『パンセ』の中で、「私はデカルトを許さない」と語っている。その理由は、**神や人間理性に対する思想が、2人の中で大きく異なっていた**からである。

デカルトにとって、神は人間理性によって論証されるものである。ところが、パスカルは、神が理性によって論証されるとも考えないし、理性そのものがゆるぎないものとも見なさない。理性も含め人間がいかに脆弱（ぜいじゃく）であるか、パスカルは自覚していた。

こうしたパスカル特有の視点に立って人間のあり方を描いたのが、遺稿集の『パンセ』である。

必ず死ぬ定めにある人間は「死刑囚」と同じ

『パンセ』には有名なフレーズが多い。たとえば、「考える葦」や「クレオパトラの鼻」についての断章は、一度ならず聞いたことがあるだろう。しかし、個々の断章ではなく、全体として『パンセ』は何を語るのだろうか。

『パンセ』を執筆していたパスカルにとっては、おそらく「神」との関係がもっとも重要な問題だったのかもしれない。しかし、現在の観点からみると、この問題は少し脇に置いてもいいだろう。むしろ、読者の立場から見たとき、『パンセ』の意義はどこにあるのかを考えてみたい。

『パンセ』でパスカルが強調しているのは、**「人間の研究」という視点**である。パスカルによれば、人間は自分自身から目を背けがちなので、人間の研究は首尾よく進まない。なぜだろうか。人間が自分のことを見つめると、その悲惨さに直面するからである。それを明らかにするのが、**「人間＝死刑囚論」**である。

パスカルによれば、人間はいつ死ぬかはわかっていないが、死ぬことは確実であるという点で死刑囚と同じである。死刑囚と違うのは、死刑囚はそのことを自覚しているが、人間はむしろそのことから目を背け、他のことで気晴らしをする。

遊びにしても、仕事にしても、恋愛にしても、戦争にしても、根本はみな同じだ。「自分は死刑囚である」ということから目を背け、他のことに打ち興じるだけである。これをパスカルは、

「正義」は普遍的・不変的か？

「人間の悲惨さ」と呼んでいる。

こうした人間の悲惨さから逃れる方法はあるのだろうか。パスカルとしては、おそらくここから「神」の信仰へと導こうと考えていただろう。しかし、神を想定しなかったら、この状況から逃れるすべはあるのだろうか。

こうしたパスカルの人間論とともに、今日でも通用するパスカルの思想を紹介しておこう。

パスカルは、「正義」が時と場所を超えて普遍的・不変的に成立するかを問う。そして、次のように語るのだ。

「川1つで仕切られる滑稽な正義よ。ピレネー山脈のこちら側での真理が、あちら側では誤謬（ごびゅう）である」

現代では、文化相対主義や社会的相対主義と呼ばれているが、パスカルは短い断章で真理や正義の相対性について鮮やかに描いている。こう考えると、人間だけでなく、人間が織りなす社会もまた、何と悲惨であることか。

ポイント

人間は「自分は死刑囚である」ということから目を背け、他のことで気晴らしをしている

16『エティカ』（1677）

バールーフ・デ・スピノザ

反時代的思想とされ、迫害を受けていたスピノザ。だが、死後に匿名で出版された本書を通じて後世の哲学者から再評価されることになった

『エティカ』工藤喜作・斎藤博 訳（中公クラシックス）

オランダの哲学者。ラテン語、数学、自然科学、ルネサンス以後の新哲学に通暁し、デカルト哲学から影響を受けた。旧約聖書の文献学的批判をして危険人物視された。フィヒテからヘーゲルに至るドイツ観念論哲学の形成に大きな役割をはたす。

何度も復活を遂げた「死んだ犬」

哲学の歴史のなかで、生前の評判と後代になってからの評価がまったく異なる哲学者は少なくない。バールーフ・デ・スピノザ（1632-1677）もその一人である。

彼は、オランダで生まれ、亡くなっているが、両親はポルトガルから亡命したユダヤ人である。スピノザは、23歳のときユダヤ人共同体から破門され、暗殺されそうになったため、転居を繰り返しながら執筆活動を続けた。

スピノザが生前に出版したのは、『デカルトの哲学原理』と『神学・政治論』だけである。後者は、聖書の解釈を行なったものだが、匿名で出版したにもかかわらず、無神論として禁書となり、迫害を受けている。そのため、彼は主著となる『エティカ』を自分の手で発表できず、死後の1677年に、友人たちが匿名（これも遺言）で刊行したのである。それほど、**スピノザの思想は反時代的**だった。

こうした事情もあって、スピノザは一時期「死んだ犬」のように取り扱われた。しかし、ドイツロマン派やヘーゲルなどによって再評価され、「スピノザ・ルネサンス」を迎えた。それ以後は、マルクス主義やニーチェ、また20世紀にはイタリアの哲学者ネグリやフランスのドゥルーズなどもスピノザ哲学の革命的な意義を強調している。スピノザは、「死んだ犬」というより、フェニックスのように何度も復活している。

とくに、ドゥルーズのスピノザ理解は、現代において大きな影響を与えている。彼は、**スピノザをニーチェの先行者と位置づけ、道徳批判の哲学者として理解した**のである。しかし、主著『エティカ』の訳は「倫理学」である。いったい「道徳批判」とは何を意味するのだろうか。そこで、『エティカ』そのものに目を移すことにしよう。

「倫理学」なのに、倫理的ではない!?

スピノザの『エティカ』は、一見、奇妙な外観をもっているという印象を受ける。**タイトルは「倫理学」なのに、内容的にはあまり倫理的には見えない**のだ。

全体は5部に分かれ、第1部で「神について」論じられる。それ以後は、第2部「精神の本性と起源について」、第3部「感情の起源と本性について」、第4部「人間の隷従あるいは感情の力について」、第5部「知性の能力あるいは自由について」となっている。これらのどこが「倫理学」となるのだろうか。

また、論述の仕方を見ても、「倫理学」らしくないのである。「エティカ」というタイトルに付された「幾何学的秩序によって証明された」という言葉が示すように、「定義」から始まり、「公理」へと移り、「定理」が導き出されるのだ。スタイルの上では、「倫理学」というより、「幾何学」の本という感じである。

もちろん、「幾何学」の本のように、論述が証明されるように進んでいけば、それなりに納得するかもしれないが、実際に読んでみると必ずしもそうなってはいないのだ。たとえば、ドイツの哲学者ライプニッツは、このように語っている。

「『エティカ』においてスピノザは、必ずしもつねに、自らの諸命題を十分に証明しているわけではない。私はこの点に判然と気づいている。論証の厳密さから逸脱したために、彼はときとして誤謬(ごびゅう)推理を犯しているのである」

したがって、幾何学的スタイルにこだわると、『エティカ』の意義を見失うかもしれない。それよりも、むしろスピノザが他の思想に対して、何を打ち出したのかが重要である。

スピノザとデカルトの比較

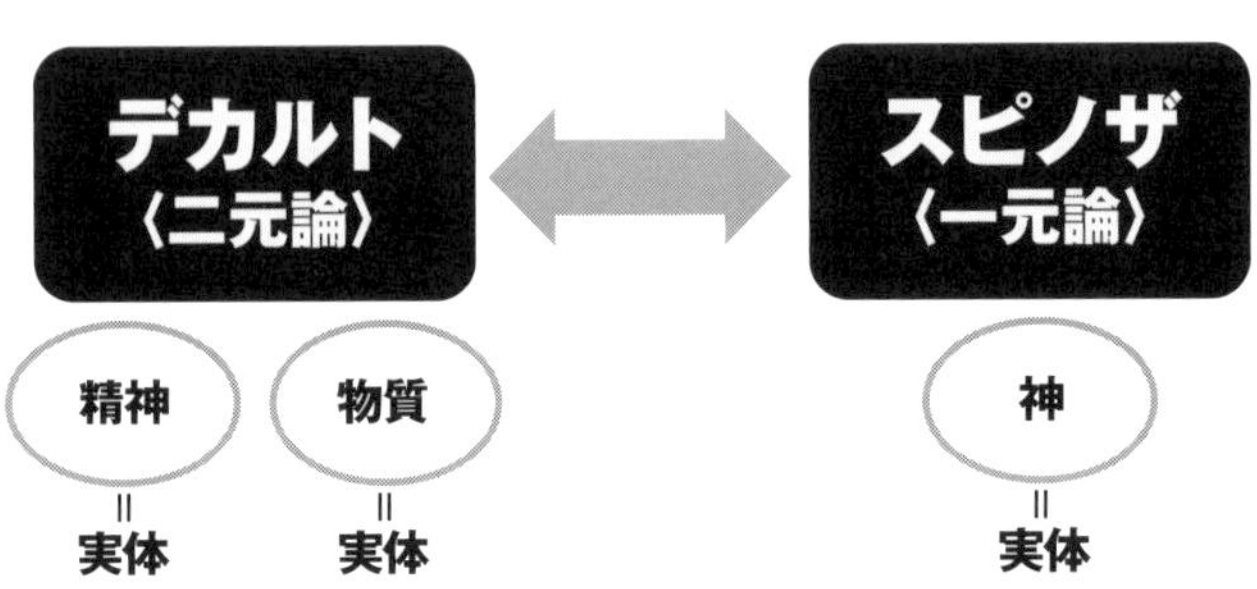

※**実体**＝それ自身によって存在し、その存在のために他のものを必要としないもの

➡「汎神論」の立場のスピノザは、『エティカ』を「神」に関する思想から始めた

「二元論」と「一元論」

その1つとして、**デカルトの二元論に対する批判**がある。

デカルトは、精神と物質を異なる実体と見なし、二元論を唱えた。ここで実体というのは、「それ自身によって存在し、その存在のために他のものを必要としないもの」とされる。しかし、スピノザはこれを認めず、実体であるのはただ神のみであり、神が唯一の実体であると考えた。そのため、**スピノザの哲学は「一元論」と呼ばれ、内容に関して言えば「汎神論」と見なされる**。こう考えると、どうして『エティカ』が「神」から始まるのか、理解できるのではないだろうか。

もう1つ、「倫理学」にかかわる問題を確認しておこう。

一般に、「倫理学」で主題となるのは、「善と悪」の問題であるが、これについては人間から独立した外在的な規範と見なされることが多い。キリスト教の「神」が権威としてもち出され、それにどう服従するかが「倫理学」の使命であるかのように語られる。

ところが、スピノザはこうした「善と悪」の考えに反対し、「われわれの力を増大ないし減少し、促進あるいは阻害するものを善あるいは悪と呼ぶ」とした。つまり、**自分の「力」が増大し、それによって「喜びの感情」を生み出すのが「善」**であり、反対に**自分の「力」が減少し、そのため「悲しみの感情」を生み出すのが「悪」**とされる。

『エティカ』は従来の「倫理学」とは違って、人間の能動性と受動性にもとづいて「善と悪」を理解するのである。

ポイント

デカルトの二元論に対し、スピノザは「神が唯一の実体」という一元論の立場をとった

17『人間知性論』（1689）

ジョン・ロック

「イギリス経験論」の源流となった本書の存在によって、デカルトに始まる「大陸合理論」との対立が明確に決定づけられることになった

『人間知性論（一〜四）』大槻春彦 訳（岩波文庫）

イングランド生まれ。オックスフォード大学で修辞学、論理学などを学び、新しい実験科学や医学に関心を示した。秘書を務めていたシャフツベリ伯爵の失脚によりオランダへ亡命、名誉革命後に帰国。著書に『統治二論』『寛容についての書簡』。

ロックの「経験主義」を批判したライプニッツ

イギリス経験論の始祖とされるジョン・ロック（1632-1704）は、その後の思想に大きな影響を与えているが、その影響たるや広範な分野に及んでいる。たとえば、政治論として『統治二論』を書き、近代の民主主義国家の基礎づけを行なった。同書が、アメリカの独立革命やフランス革命を導いたのである。

彼の政治論の中で、今日のリベラリズム論争でもしばしば引き合いに出されるのが、**「所有論」**である。それは一般に「身体所有論」や「労働所有論」と呼ばれている。

簡単に言えば、**自分の身体は「自分のもの」であり、自分の身体を使って労働し、そこで得られた成果も「自分のもの」とする考え**だ。これは、その後、人々の思想を長く支配してきた。

今日の私たちでさえ、ごく当たり前のように見なしている。

しかもロックの所有論は、真逆に見える思想にとっても、基本的な概念として捉えられている。労働者に対する「搾取（さくしゅ）」を批判するマルクス主義でさえ、ある意味ではロックの所有概念に立脚していると言われる。「搾取」は「自分のもの」をかすめ取ることだからである。

こうした政治論とは別に、彼の認識論は中世的な思考様式から人々を解放し、近代的な思考へとパラダイム・チェンジを図ったものだ。

この考えは、同時代の知識人にセンセーショナルな反応を巻き起こしている。ロックの『人間知性論』（１６８９）をフランス語訳で読んだライプニッツは、その重大さを理解し、全面的な批判の書**『人間知性新論』**（１７０４）を執筆している。彼はロックの文章を逐条的に、一つひとつ検討するほどであった。

残念ながら、ライプニッツの批判をロック自身が読んで、再批判することは時間的に不可能だった。しかし、２人の天才の論争は歴史的にも重要な意義をもっている。

ライプニッツは、自分の立場をプラトンから始まる「合理主義」の系譜に置き、アリストテレスの系列に属するロックの「経験主義」を批判している。この論争によって、**イギリス経験論と大陸合理論の対立が明確に定式化されたのである。**

心とは「文字が書かれていない白紙」

ロックの『人間知性論』は、一般的にイギリス経験論の源流とされている。これは、バークリー、ヒュームへと続き、もう一方のデカルトに始まる大陸合理論の伝統と並列されて理解されている。経験論の始祖として、ロックは何を始めたのだろうか。

大きく分けて、2つの論点にかかわっている。

1つは、いわゆる**「生得観念説」の問題**だ。プラトンによれば、ものの本質をなす「イデア」を、人間は生まれる前に見ていたが、誕生するときすっかり忘れてしまった。そのため、知識は想起することであって、見知らぬものを新たに獲得することではない。これに対してロックは、**人間の心を、「どんな文字も書かれていない白紙」にたとえて、生得観念説を否定した**のだ。

この考えは後に、「ロックのタブラ・ラサ（書かれていない書板）」という用語となり、経験論のスローガンとして位置づけられた。ただし、その言葉はロック以前から使われていて、彼自身の言葉ではない。それでも、生得観念を否定し、心を「白紙」にたとえたのは、経験論宣言として画期的だと言えるだろう。

もう1つの論点は、**「観念」の由来**についてである。ロックによれば、「私たちのあらゆる知識は経験にもとづき」、「究極的には経験に由来する」。

ロックの経験論

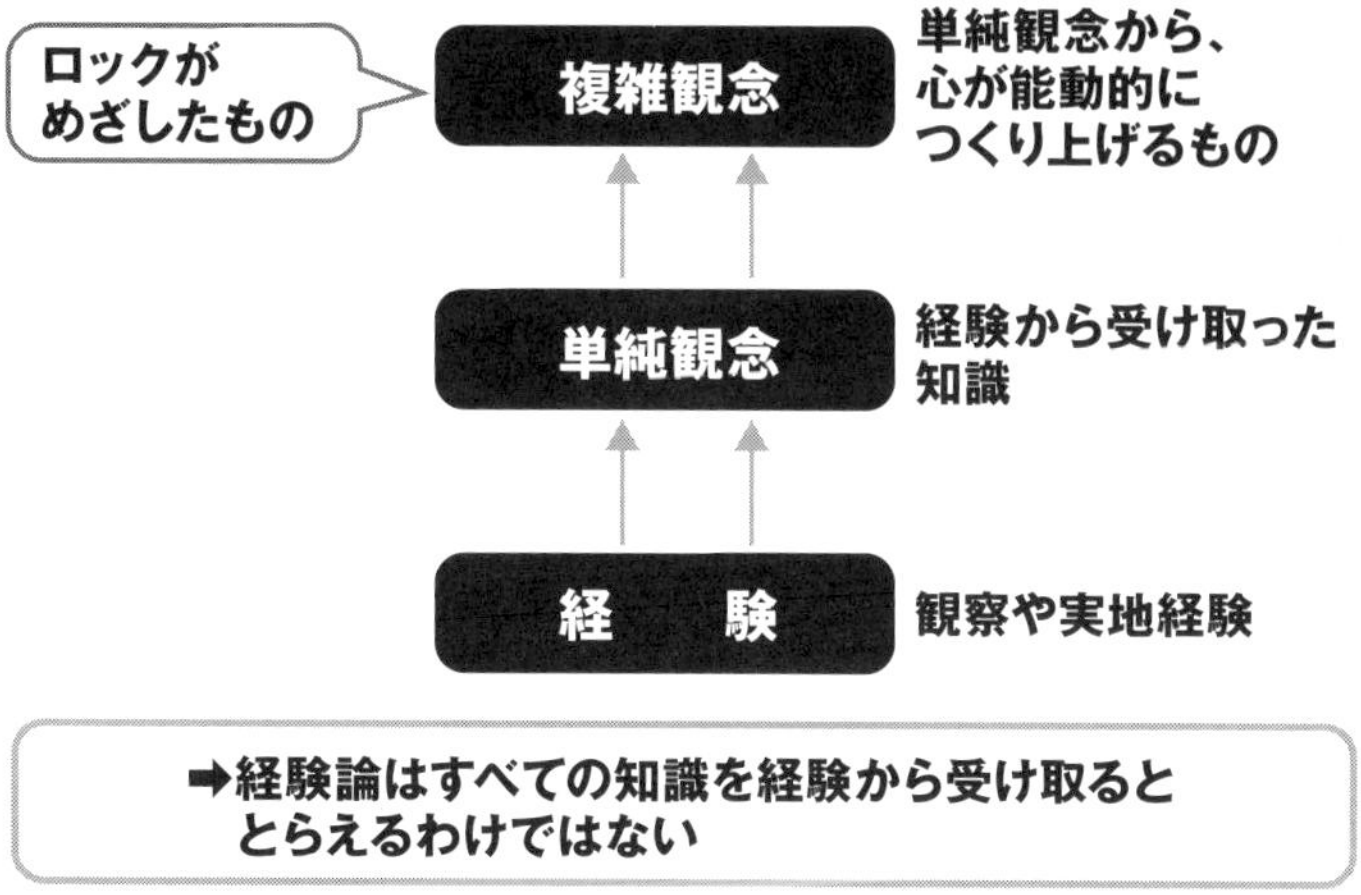

ロックがめざしたもの

複雑観念　単純観念から、心が能動的につくり上げるもの

↑

単純観念　経験から受け取った知識

↑

経　験　観察や実地経験

➡経験論はすべての知識を経験から受け取るととらえるわけではない

ただ注意すべきは、経験に由来するのは「観念」であるが、この観念はあくまでも「単純観念」であって、「複雑観念」ではないことだ。複雑観念はむしろ、受け取った単純観念から、心が能動的につくり上げるものである。

しばしば誤解されるが、経験論はすべての知識を経験から受け取るととらえるわけではないのである。したがって、ロックの経験論は、**「単純観念の経験論」**と呼ぶほうが誤解の恐れは少ないだろう。

現代の「記号学」の源流

『人間知性論』の最後で、ロックは学問の分類を行なっているが、ここで注目したいのは、**「記号学（semiotics）」と呼ばれる学問が導入されている**ことだ。彼は、全学問を「ピュシケー」「プラクティケー」「セーメイオーティケー」に分けたが、最後の「セーメイオーティケー」は「記号理説」と呼ばれ、心と言葉と事物の関係を取り扱うとされている。「記号学」と言えば、現代的な学問のように思われるが、その源はロックにあるのだ。この点も、ぜひ知っておきたい。

ポイント

プラトン以来の生得観念を否定し、心を「白紙」にたとえることで経験論を確立した

18『単子論』（1714）

ゴットフリート・ライプニッツ

微分積分や二進法などの数学的才能で知られるライプニッツ。本書は彼が残した数少ない哲学的な著作でありながら、大陸合理論の一翼を担うこととなった

『単子論』河野与一 訳（岩波文庫）

ドイツの哲学者・数学者。ライプツィヒ生まれ。その業績は歴史学、法学、神学、言語学の多方面に及び、外交官、実務家、技術家としても活躍した。デカルトやスピノザなどとともに近世の大陸合理主義を代表する哲学者である。

数学の才能を発揮した哲学者

ヨーロッパの15～16世紀が「学芸復興の世紀」、18世紀が「理性の世紀」と呼ばれるのに対して、ゴットフリート・ライプニッツ（1646‐1716）が活躍した17世紀は、**「天才の世紀」**と呼ばれている。

たしかに、フランスのデカルト、イギリスのホッブズやロック、そしてドイツのライプニッツといった面々が揃っていることを考慮すれば、天才たちが躍動した時代であることは間違いない。

今日、ライプニッツといえば、多くの人は微積分学を思い浮かべるかもしれない。あるいは、人工知能で使用される二進法の考案者として思い出すかもしれない。さらには、彼が発明した自動計算機をもち出すかもしれない。たしかにライプニッツは、こうした数学の才能を発揮する一方で、**法実務家や政治顧問として仕事をし、世界中の政治家や学者、王侯貴族とも交際し**ていた。

こうした多彩な活動に比べ、生前に出版された哲学的な著作は意外と少ない。『弁神論』（1710）だけであり、しかも匿名で出版された。その他、ロックの『人間知性論』（94ページ参照）に対する全面的な批判の書『人間知性新論』を書いたが、1704年にロックが亡くなったので、ライプニッツの手では出版されず、結局、死後の1765年にやっと公刊されている。さらに、『モナドロジー（単子論）』についても、1714年に原稿が完成していたのに、実際に出版されたのは彼の死後1720年であった。そのため、哲学者としての活動は、一般にはあまり知られていなかったかもしれない。

ところが、ライプニッツの後継者としてヴォルフが理論体系を形成すると、ライプニッツの哲学は大陸合理論の一翼を担うものとして位置づけられるようになった。その後のドイツの哲学、たとえば**カントやヘーゲル、ニーチェなどは、それぞれライプニッツの哲学と対決することで、自分たちの哲学を打ち立てた**と言ってもいい。

さらに、20世紀になると、分析哲学の研究者たちがライプニッツの論理思想に注目し、その影響は今日にまで及んでいる。

世界を構成する究極的な要素「モナド」

『モナドロジー』はライプニッツの代表的著作とされているが、分量はきわめて少ない。原文はフランス語で書かれ、もともとの論考にはタイトルがなかった。彼の死後に発表するとき、**「モナドロジー」**という題名がつけられたのだ。

一般に『単子論』と訳されているが、「モナド」という言葉はライプニッツの造語であって、ギリシア語の「一（monas）」に由来している。ライプニッツは、世界を構成する要素として「モナド」を想定したのである。それまで究極的な要素として「原子（アトム）」が語られてきたが、ライプニッツはその概念を批判し、究極的な要素が「モナド」であると主張した。

「これからお話しするモナドとは、複合体をつくっている、単一な実体のことである。単一とは、部分がないということである」

問題は、こうした「モナド」をどう理解したらいいのか、ということである。

イギリスの哲学者ラッセルはかつて、「モナド論」について「おとぎ話」と述べたことがあった。たしかに、「モナド論」はある意味で思考によって組み立てられたもので、実証的に検証できる代物ではない。ライプニッツは思考の原理として「モナド」を想定し、そこから世界を理解しようとしたわけである。

ライプニッツはモナドを特徴づけるとき、「表象（perception）」という言葉を使って説明している。ただ、これは「意識」とは区別され、もっと原初的な「欲求」とも言われている。ここからわかるのは、「モナド」が動物にも共通し、人間だけに限定されないことだ。**モナド＝表象という点で、人間も動物もその「魂」が「モナド」と呼ばれる**。そう考えると、ライプニッツの「モナド論」はアリストテレスの『デアニマ（心について）』につながり、現代の生物学・生理学・心理学の観点からも読み直すことができるだろう。

注目すべきは、「モナド論」の中で、ライプニッツが**「パースペクティヴズム（遠近法主義）」**を提唱していることだ。これはニーチェが強調したことで、一般にもよく知られるようになった。しかし、その源泉には、『モナドロジー』があったのである。

「同じ町でも異なった角度から眺めると、まったく別な町に見えるから、ちょうど見晴らしの数だけ町があるようなものであるが、同様に、単一な実体の無限の数を考えると、同じ数だけあい異なった宇宙が存在していることになる。しかしそれは、ただ一つしかない宇宙を、各モナドがそれぞれの視点から眺めた際、それに生じるさまざまな眺望にほかならない」

この議論は、現代にも通じるもので、ライプニッツの現代的な有効性を示している。

ポイント

世界の見え方は認識主体の立場により異なり、絶対的な世界認識はありえない

19『人間本性論』（1739）

デイヴィッド・ヒューム

ヒュームが20代で執筆した本書は、「危険書」として激しい批判にさらされた。その原因は、当時最高の価値が置かれていた「理性」を否定したからである

『人間本性論（第1〜3巻）』木曾好能他 訳（法政大学出版局）

スコットランドを代表する哲学者。エディンバラ大学で学び、哲学やその他分野の執筆活動をするとともに、フランス大使秘書などを務める。ルソーとの交流とその破綻は有名。著書に『人間知性研究』『道徳原理研究』『宗教の自然史』など。

「スコットランド啓蒙主義」の中心的思想家

「近代経済学の父」と呼ばれるアダム・スミスと同時代に、同じスコットランドで活動した哲学者として、デイヴィッド・ヒューム（1711 - 1776）がいる。彼は一般に**「イギリス経験論の完成者」**と呼ばれ、経験論哲学をいわば極限にまで進めた人物だ。そのため、経験論の問題点を探るには、ヒュームの議論を検討する必要がある。

ヒュームの時代を理解するには、2人の人物との関係に注目することが重要だ。1人は物理学者のニュートンで、主著『自然哲学の数学的諸原理（プリンキピア）』は1687年に出版されている。ヒュームが生まれたのはもう少し後だが、彼はニュートンの自然科学の実験的方法を、自らの哲学に導入しようとした。

もう1人は、フランスの哲学者ルソーである。ヒュームが一時期フランスに滞在していたとき、ルソーに出会っている。当時ルソーは、周囲から変人扱いされていたようだが、ヒュームはルソーの才能を評価し、彼をイギリスに連れて帰っている。ニュートンとルソー、面白い取り合わせだが、いずれも近代に革命を引き起こした人物だ。

ヒュームはその出身から**「スコットランド啓蒙主義」（およそ1740年から1790年頃）の中心的思想家**と見られている。ヒュームのほかには、アダム・スミス、フランシス・ハチソン、アダム・ファーガソン、ジェームズ・デナム・スチュアートなどがいる。この流れの思想家たちは、道徳哲学、歴史、経済学に関心を示し、それぞれの領域で重要な仕事を成し遂げている。ヒュームも、そうした分野で著作を発表し、アダム・スミスからは「人間存在に許される限り最も完全に賢い人物」と評されている。

こうしたヒュームの主著となるのが、『人間本性論』である。1739年に第1巻、第2巻が刊行され、続く1740年に第3巻が刊行されている。本書は弱冠20代のときに出版されたものだ。

しかし、ヒューム自身が「印刷機から死産した」と言うように、一般的にはほとんど評価されなかったようである。そのため、ヒュームは後に、形を変えてこの思想を書き直すことになった。

「過去のデータにもとづく未来予測」に疑問を呈す

『人間本性論』は匿名で出版されているが、これは当時よくあったことだ。著作が世間からは無視されたこともあって、ヒューム自身は「失敗作」と呼んでいる。

しかし、実際には無視どころか、むしろ**激しい批判にさらされ、「危険書」の扱いを受けた**のである。匿名とはいえ、著者がヒュームであることは一般的に知られていて、そのために大学での就職もうまくいかなかった。

ある意味で、ヒューム思想の潜在的な革命性を、社会は予感していたのかもしれない。実際、今では『人間本性論』は古典として評価されるが、その内容を考えると、新しい発想に満ちあふれている。

ヒュームによると、『人間本性論』はニュートンの成功にならって、「人間の本性(自然本性Nature)」を探究しようとするものだ。つまり、ニュートンの自然学に肩を並べるような「人間学」を打ち立てようとした。

しかしなぜ、この構想が危険思想になるのだろうか。その原因は、彼の**「反理性主義」**にある。当時の常識として、「人間は理性的動物」とされ、「理性」には最高の価値が与えられていた。ところが、ヒュームはこの権威を一撃のもとに葬り去ったのである。

ヒュームの反理性主義

	当時の常識		ヒュームの思想
知性について	過去がそうだったから、今後もそうなる		過去のデータにもとづく未来予測を否定
 情念について	理性が情念を制御する		理性は情念の奴隷
 道徳について	善悪の判断は理性にもとづく		善悪の判断は感情や心持ちにもとづく

➡ヒュームは、人間の理性をことごとく否定した

たとえば、第1巻「知性について」では認識論が取り扱われ、帰納法が問題になっている。これは、過去のデータにもとづいて未来の予測を行なうことだが、ヒュームはなんと、「過去がそうだったから、今後もそうなる」という必然性に疑問を呈したのである。こうした必然性は、実際のところ過去の習慣によって形成されたもので、せいぜい「蓋然性(がいぜん)」しか言えないと考えた。

理性は情念に支配されている

第2巻「情念について」では、人間の行動について理性と情念の関係が検討されている。その中で、ヒュームは次のような発言を行なっている。

「理性は情念の奴隷であって、しかもそうあ

るべきであり、理性は情念に仕え、従う以上の任務を、決して要求できないのだ」

一見、理性的な行動であっても、実は情念に支配されているのである。

最後の第3巻「道徳について」でも、ヒュームの反理性主義は貫かれている。たとえば、ある行為について、「善いか悪いか」を判断するとき、人間が理性にもとづいて行なっているのか、あらためて問い直すのだ。そのためヒュームは、人間は「感情や心持ち」にもとづいて道徳判断を下す、と言う。**道徳判断が異なるのは、理性による対立ではなく、感情や情念の違いにすぎないのである。**

こうして、それまで信奉されてきた人間の「理性」は、ずたずたに引き裂かれることになった。現代であれば、ヒュームの議論はすんなりと受け入れられるかもしれないが、彼の生きた時代では大きな逆風にさらされたのである。

ポイント

ヒュームの「反理性主義」は、「人間は理性的動物」という当時の常識を否定した

20『社会契約論』（1762）

ジャン・ジャック・ルソー

民主主義の宣言書といわれる本書は、一方で「ファシズム」の先駆思想として非難された。本書とルソーの二重性をどう理解すべきだろうか？

『社会契約論』桑原武夫・前川貞次郎 訳（岩波文庫）

フランスの思想家。スイス・ジュネーヴ生まれ。16歳でカトリックに改宗。アカデミーの懸賞論文『学問芸術論』が栄冠を獲得。『人間不平等起源論』『社会契約論』で人民に主権があると主張し、その思想はフランス革命を導くこととなった。

ルソーの多面性と矛盾に満ちた人生

今日、「民主主義の思想家として誰を思い浮かべるか？」と問えば、おそらくジャン・ジャック・ルソー（1712-1778）の名が真っ先に挙がるだろう。**ルソーは民主主義の宣言書とも言うべき『社会契約論』（1762）を発表し、フランス革命に大きな影響を与えた。**フランスの人権宣言は、ルソーの書物がなければ不可能だっただろう。

ルソーを一人の思想家として考えるとき、より多面的な特質が見えてくる。『人間不平等起源論』（1755）は同じように理解できるとしても、そのほか、『学問芸術論』や『言語起源論』もあれば、『エミール』といった教育論もある。また、自伝的な『告白』や『新エロイーズ』といった文学作品も書いている。もともとは、音楽家をめざしていた時期もある。童謡の「むすんでひらいて」は、ルソーの作品だ。

このように、**ルソーはきわめて多面的であり、どれか1つだけに限定するのは、ルソーの思想を捉え損なう**ことになる。

さらに、人物そのものにスポットを当てると、ルソーの多面性はいっそう際立つ。たとえば、彼が放浪していた15歳の頃、男爵夫人に保護されて、その家に住み着くようになるが、その夫人と愛人関係になってしまう。その後も、彼はさまざまな女性関係を遍歴する。その過程で産まれた5人の子どもは、孤児院に送られている。一方で、教育論を書きながら、他方で子どもを捨てるような生活をしている。この二重性を、どう理解したらいいのか。

ルソーの思想を理解するには、その内部の多面性だけでなく、表面上は矛盾したように見える部分を、丁寧に紐解いていかなくてはならない。さまざまなルソーがいて、その間には容易に統一できない強固な対立が立ちはだかっている。

これは、『社会契約論』を読むときも同じだ。というのも、**民主主義論であるルソーの議論は、違った観点から見ると独裁主義論のようにも読める**からである。

「自然状態」と「社会状態」

『社会契約論』はルソーの著書であるが、「社会契約」についての考え方は、彼以外にもホッブズやロックにもあった。重要なのは、ルソーの独自性を理解することである。

一般に「社会契約」を考えるとき、基本となる概念は「自然状態」と「社会状態」の区別である。問題となるのは、その内実だ。

たとえば、ホッブズの「自然状態」は「万人の万人に対する闘争状態」と見なされている。それに対して、『人間不平等起源論』で語られているように、ルソーの場合は「自己愛」とともに「憐みの情」を「自然状態」と考えている。「同情」こそが、ルソーの**「自然状態」**なのだ。

ここからルソーは、1つの想定をする。「各個人が自然状態にとどまろうとして用いる力よりも、それに逆らって自然状態のなかでの人間の自己保存を妨げる障害のほうが優勢となる時点まで、人間が到達した」というものだ。

これは、『人間不平等起源論』では**「戦争状態」**と言われている。これを克服するのが、社会契約である。各個人の身体と財産を保護し、自然状態のときのように自由なままでいられる形態を維持するするために**「社会契約」**が執り行なわれる。

こうして成立するのが、**「社会状態」**である。

ルソーの議論を図式化すると、次のようになるだろう。

①「自然状態」→②「戦争状態」→③「社会契約」→④「社会状態」

ルソーの「社会契約」に関する思想

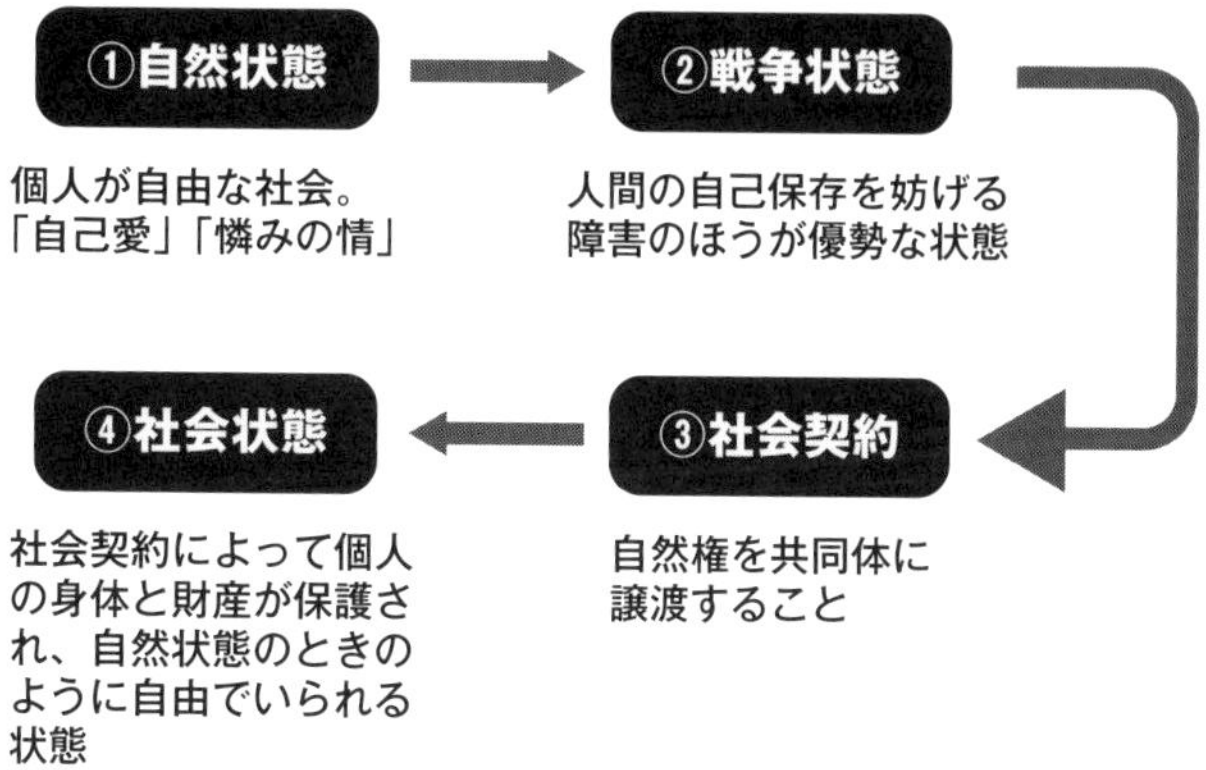

①自然状態
個人が自由な社会。
「自己愛」「憐みの情」

②戦争状態
人間の自己保存を妨げる
障害のほうが優勢な状態

③社会契約
自然権を共同体に
譲渡すること

④社会状態
社会契約によって個人の身体と財産が保護され、自然状態のときのように自由でいられる状態

注意しておきたいのは、最初の「自然状態」が歴史上の事実というより、あくまでも論理的な仮説として設定されていることである。そのため、「自然状態」から「戦争状態」への推移も、同じように「想定」されているのだ。こうした仮説にもとづいて社会の成立を解明するのが、ルソーの社会契約論の本質と言ってもよい。

「一般意志」が優先される

ルソーの社会契約論の特徴は、それを支える「一般意志」の概念にある。各人は社会契約によって、「身体とすべての能力を共同のものとして、一般意志の最高の指揮のもとに置く」とされる。これは、全員の総和としての「全体意志」とは区別される。ルソーは、「主権」を「一般意志の行使」と考えているので、**いったん社会契約が成立すると、個人は自分の「特殊意志」よりも「一般意志」を優先しなくてはならない。**

この考えは、20世紀の哲学者カール・ポパーなどによって、「ファシズム」の先駆思想として非難された。こうした批判が当たっているかどうかは別にして、ルソーの『社会契約論』を考えるとき、「一般意志」の概念をどう理解するかがカギとなるのは間違いないだろう。

ポイント

個人の自由や財産のために社会契約が成立すると、「一般意志」の実現が優先される

第3章

この世の中をどう生きるべきか？

「世界」と「自分」のつながりが見える名著10冊

21『純粋理性批判』（1781）

イマヌエル・カント

「批判主義」という方法をとる本書は、それまで展開されてきた近代哲学を完成させると同時に、近代的な自然科学の基礎となる方法を提示した

『純粋理性批判（上・下）』石川文康 訳（筑摩書房）

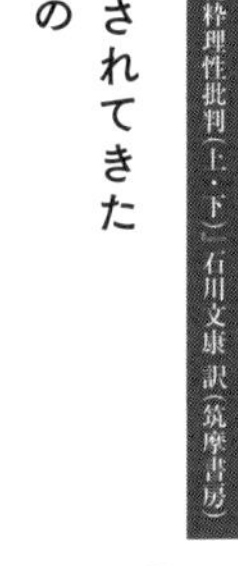

ドイツの哲学者。『純粋理性批判』『実践理性批判』『判断力批判』のいわゆる三批判書を発表。批判哲学を提唱して、認識論における「コペルニクス的転回」を促した。フィヒテ、シェリング、ヘーゲルとつながるドイツ観念論の土台を築いた。

経験論でも合理論でもない「第3の道」

近代哲学の展開を考えるとき、英語圏の経験論と大陸系の合理論の潮流に分けて説明することが多い。この2つを統一したのが、ドイツのイマヌエル・カント（1724‐1804）の哲学だ、と言われる。この教科書的な図式は、安直に見えて反発はあるものの、大きな流れを捉えるには都合がいい。

この図式には、カント自身のエピソードも援用される。たとえば、カントはライプニッツやヴォルフという合理論の圏内で問題を考えていた。ところが、**経験論者のヒュームの著作を読むことで、「独断のまどろみから覚醒する」ことができた**、と回想している。合理論的発想は、そのこ経験の範囲を超えるときは独断論になってしまう。カントは経験論者のヒュームから、そのこ

とを学んだのである。

一方、カントにとって経験論だけでは十分ではなく、人間の感覚的経験だけでは学問として要求される必然的な認識は成立しない。たとえば、原因と結果の関係を考えるとき、感覚的経験だけでは、原因の後に結果が起こるという事実に対する習慣しか成立しない。この関係に必然性を与えるには、何らかの形で経験を超える必要があるのだ。

では、合理主義的な独断論でもなく、経験論的な懐疑主義でもなく、第3の道を歩むにはどうしたらいいのだろうか。

カントが見出したのは、**「批判主義」**という方法である。

実際、**カントの主著とされるのは、三批判書（『純粋理性批判』『実践理性批判』『判断力批判』）であり、カントの哲学は批判哲学と呼ばれている**。ちなみに、ここで「批判」というのは、「非難する」という意味ではなく、「分析し解明する」という意味で使われている。

カントは人間理性の3つの領域、具体的には「知識」と「道徳」と「芸術」に関して、理性が及ぶ範囲を確定し、その意義と限界を描き出したのである。

ただし、3つの領域についてはそれぞれ理性の有効性が違っているので、それぞれ議論しなくてはならない。ここでは、知識の問題に対して批判主義がどのように進められるのか、理解しておくことにしよう。

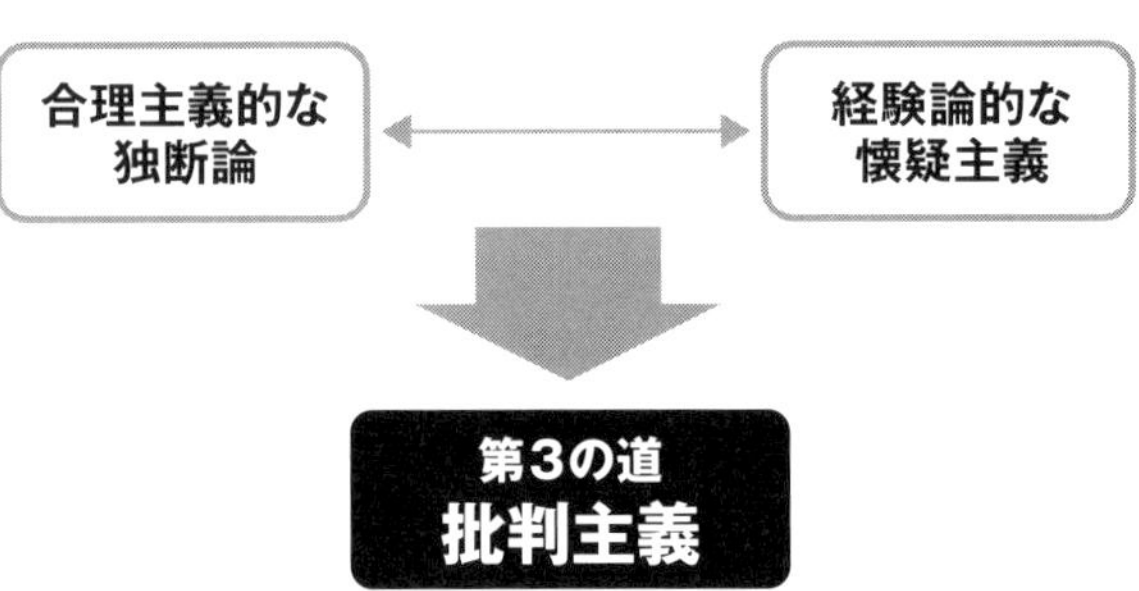

『純粋理性批判』『実践理性批判』『判断力批判』

➡カントは、人間理性の3つの領域「知識」「道徳」「芸術」を分析し解明した

対象が認識に従う「構成主義」

カントの『純粋理性批判』（1781）は、第一批判と呼ばれ、人間の知識において理性と経験がどのように関係するのか、批判主義的に明らかにする。

カントによれば、**人間の「認識は経験とともに始まる」**。これは、一方でカントが経験論の考えを受け入れていることを示している。ところが、他方でカントは、**「すべての認識が経験から生じるわけではない」**ときっぱりと主張する。こうして、カントは経験論を認めつつ、その不備を合理論によって補完しようとする。

カントは、この2つを〝内容〟と〝形式〟という言葉を使って説明している。人間の認

識の〝内容〟についていえば、経験によって与えられる。しかし、その経験の内容を整序し、組織立てる〝形式〟が必要である。その形式は、経験的なものではなく、経験に先立っているのだ。

そうした形式について、カントは2段階に分けて説明している。

第1段階は、直観形式であり、時間と空間とされる。次の段階で、悟性形式が働くが、これはアリストテレス以来の「カテゴリー」である。たとえば、「質」や「量」、「関係」や「様態」に属するカテゴリーにしたがって、認識が組み立てられるわけである。

カントは、こうした批判主義的認識論を説明するため、**「コペルニクス的転回」**と呼ばれる有名な比喩を使っている。従来の認識論は、認識が対象に従うものであった。それに対して、カントは自らの立場を、**「対象が認識に従う」**と説明する。人間のもつ直観形式やカテゴリーによって、認識が可能になるからである。

こうした認識論は、同時代人にはサングラスをかけて対象を認識することと同じだと見なされ、現代では**「構成主義」**という名前で呼ばれている。カントによれば、対象は認識によって〝構成〟されるからだ。

カントの『純粋理性批判』では、直観形式を論じる「感性論」と学問論を論じる「方法論」のほかに、「分析論」と「弁証論」が詳述される。

とくに重要なのは、「分析論」と「弁証論」の違いである。カントはこの2つを、経験の範囲のうちにあるか、その範囲を超えるかによって分けている。この2つは、「形而上学」の二義性にもとづいて分類されている。

「分析論」では、経験的に認識可能な世界が論じられ、それが直観形式や悟性形式によってどのように可能になるか分析される。これが、伝統的には「一般形而上学」に該当する。

それに対して、特殊形而上学に属する、神や宇宙や魂に関する認識に対しては、経験の範囲を超えているので確実な学問としては成り立たない。カントはこれについて**「信仰に場所を与えるために、認識を廃棄しなければならない」**と表現している。信仰として神学は可能でも、理性的認識としては認めなかったのである。

こうした『純粋理性批判』の立場は、それ以前に展開された近代哲学を完成させるものであり、近代的な自然科学の方法に基礎を与えるものと考えられたのである。

ポイント

カントは「経験論」を認めつつも、その不備を「合理論」によって補完しようとした

22『道徳および立法の諸原理序説』(1789)

ジェレミー・ベンサム

『世界の名著49』所収 山下重一訳(中央公論新社)

日本では、功利主義は「個人の利益を重視したエゴイズムの思想」と誤解されてきた。だが、本書で述べられているのは「エゴイズムの克服」である

イギリスの哲学者・経済学者・法学者。最大多数の最大幸福こそ正邪の判断の基準であるとし，功利主義の基礎を築いた。功利主義の理念は、インドにおけるイギリス東インド会社の勢力圏で用いられた行政法体系に相当な影響を与えた。

功利主義——善悪を評価する客観的な方法

日本では伝統的に、功利主義はプラグマティズムとともに誤解されてきた。そのため、今でもあまり評判がよくない。しかし、最近になってその意義が理解され始めている。創始者であるジェレミー・ベンサム(1748-1832)の哲学にさかのぼって、功利主義の可能性を見ておくことにしよう。

ベンサムが活動したのは、イギリスで産業革命が始まった18世紀後半である。この時期、フランスでは絶対王政からフランス革命へと向かっていて、近代社会の基礎が築かれようとしていた。

では、近代社会を形づくっていくために、どんな原理にもとづけばよいのだろうか。ベンサムが直面していたのは、まさにこの問題である。

ベンサムは父と同じく弁護士資格を得て、弁護士への道を歩んでいた。ところが、当時の法曹界に対して強い危機感を抱き、現状の法制度に対して違和感をもつに至った。ベンサムにとって、法や社会そのものが何よりも改革されなくてはならなかったのだ。

こうして彼は、社会改革のための道徳的原理を探究するようになる。**社会にとって「何が正しい行ないとなるのか」、また「その行為をどう評価すればいいのか」について、根本的に考えたのだ。**

ところが、善いか悪いかについての道徳的原理は、従来の考えでは客観的な評価法がなく、恣意的に行なわれてきたのではないか。そこで、客観的な方法で道徳的原理を確定するために考案したのが、ベンサムの功利主義である。

この社会改革の政策として、彼が考案した施設が**「パノプティコン」**という刑務所の建築様式である。これは、ミシェル・フーコーが『監獄の誕生』の中で取り上げて、有名になったものだが、フーコーも指摘しているように、もともとはベンサムが考案したモデルである。

「パノプティコン」は、彼の功利主義の思想を典型的に示している。このモデルは、最少の監視者で、より多くの囚人を監視するシステムだが、その建築様式に特徴がある。中央に監視塔があり、その周りを円形になった独房の囚人棟が取り囲むのだ。しかしながら、ベンサムの手によって、パノプティコン計画が実現されることはなかった。

功利主義の思想を示す「パノプティコン」

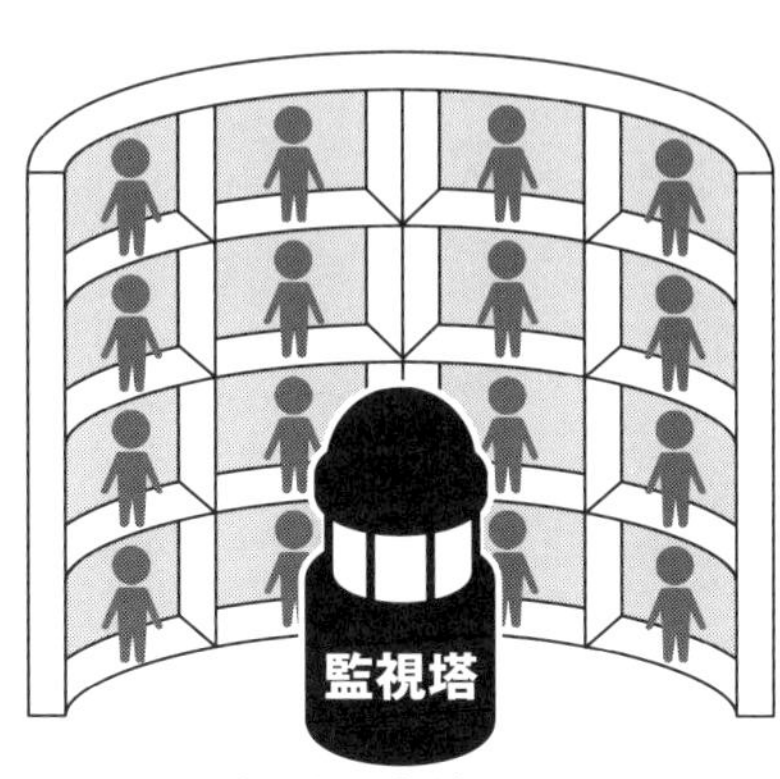

➡ベンサムが考案した「最少の監視者で、より多くの囚人を監視するシステム」

「功利性の原理」の2つのポイント

ベンサムは数多くの論文を残しているが、日本語で読めるものはあまり多くない。主著とされる『道徳および立法の諸原理序説』でさえも、まだ全訳はなく、部分的にしか読むことができない。

これは、日本での紹介が偏っているためだ。以前は「功利主義」と言えば、個人の利益を重視したエゴイズムの思想と見なされていた。ところが、実際には、こうした**エゴイズムの克服をめざしたのが、功利主義**なのである。したがって、こうした偏見にとらわれることなく、ベンサムの著作を理解しなくてはならない。

『道徳および立法の諸原理序説』は、フランス革命が勃発する直前（１７８９年）に出版されている。本書が出された後、すぐにフランス革命が始まったため、イギリスでも人々の関心は革命に移り、ベンサムの書物に対しては、あまり注目が集まらなかったようである。だが、本書は時代を根本的に転換させる原理を含んでいた。それが、**「功利性の原理」**である。

「功利性の原理」というのは、ベンサムのスローガンである**「最大多数の最大幸福」**に行きつく概念だが、それには２つのポイントが語られている。

１つは、「善いか悪いか」を「利益や損失」、あるいは「快楽や苦痛」によって理解することだ。

それまで道徳では、善悪が論じられる際、客観的に評価する基準がなく、問題を解決することができなかった。それに対してベンサムは、**利益や損失、あるいは快楽や苦痛を考察する（計算する）ことによって、客観的な評価法を打ち立てた**のである。快楽や利益を生み出すものは善く、苦痛を与え、損失を引き起こすものは悪い。

一部の利益になっても、全体として損失を出せば「悪」

もう１つのポイントは、そうした功利性の計算が、個人的なものではなく、関係する人全体の観点から評価されることだ。

たとえ一部の人の利益になっても、全体として損失を生み出せば、悪いことだと判断される。このとき、各人は平等に取り扱われ、功利計算する際、特権的な立場は認められない。ベンサムの立場は徹底していて、功利計算が快楽と苦痛を計算するので、その該当するものとして感覚的な存在者を想定する。

そのため、ベンサムは、功利計算において人間と動物の違いも認めなかった。そのため、**現代の功利主義者は、動物解放論者が少なくない。**

これら2つの論点から、ベンサムは「最大多数の最大幸福」という考えを打ち出すのだが、これは関係者（動物も含め）全体の利益を促進することをめざすものである。その点で、**功利主義は、個人のエゴイズムとはまったく異なるので、社会全体の利益をめざす「公利主義」と名づけたほうがいい**かもしれない。

ポイント

社会的な善悪を客観的に評価するために考案されたのが「功利主義」である

23『精神現象学』（1807）

ゲオルク・ヘーゲル

「ドイツ観念論の完成者」とされるヘーゲルが本書で目指したのは、惨めな敗戦を経験した後進国ドイツを哲学で新たに再生させることだった

『精神現象学(上・下)』熊野純彦 訳(ちくま学芸文庫)

近代ドイツを代表する哲学者。精神の発展過程を意識経験の学として探究し、その論理を解明したことで、ドイツ観念論の完成者といわれる。弁証法哲学を深化させ、現代思想にも大きな影響を及ぼす。イエナ大学、ベルリン大学で教鞭をとった。

フランス革命の「自由」に共鳴

哲学史的に位置づけるとき、一般にゲオルク・ヘーゲル（1770-1831）は、**カントから始まったドイツ観念論の完成者**と呼ばれることが多い。人間の個人的な意識よりも、いっそう大きな「理性」や「精神」といった概念を強調し、それに基づき自然や歴史を説明した。しかし、こうした観念論は、宗教的で神秘的な臭いがすると理解され、マルクスやキルケゴールのような後続の哲学者たちから厳しく批判されることになる。とすれば、ヘーゲル哲学は現代においてどのような意味をもっているのだろうか。

ヘーゲル哲学を評価する前に、そもそもヘーゲルがどんな問題を抱え、解決しようとしたのか、理解しなくてはならない。ところが、この課題がとても難しいのだ。というのも、ヘーゲル哲学は、時代状況と密接に関連しながら形成されたからである。
ヘーゲルは、哲学の課題を自分の時代を概念的に把握することだと考え、**「ミネルバのフクロウ（哲学）は、迫りくる夕闇（時代の終わり）とともに飛び立つ」**と表現した。

では、ヘーゲルはどんな時代に生きたのだろうか。

2つの点を指摘しておきたい。

1つは、フランス革命との関係である。ヘーゲルは、大学入学直後にフランス革命を経験するとともに、その後のナポレオン戦争では、戦地を逃げまどいながら、『精神現象学』（1807）を執筆している。そのため彼は、フランス革命が掲げた「自由」の思想に共鳴すると同時に、そのあとに続くテロリズムに対しては強く批判している。

もう1つは、国家との関係だ。当時のドイツは、ヨーロッパでは後進国であって、近代的な統一国家を形成していなかった。そのため、フランスとの戦争では、惨めな敗戦を経験したのである。そこでヘーゲルは、ドイツが国家的な統一を確立するにはどうするか、理論的に考え抜き、『法哲学』（1821）を出版している。

こうした歴史的な状況の中で、**ヘーゲルは哲学によってドイツを新たに再生させようと考えたの**である。その第一歩となるのが、『精神現象学』であった。

「出版の舞台裏」を知ることで理解が深まる

『精神現象学』は、ヘーゲルの主著として歴史的に評価されているが、複雑な出版事情もあって、理解するのは容易ではない。まず、理解の前提として当時の学問観を知っておかなくてはならない。

ヘーゲルはイエナ大学の正教授になるため、「論理学‐自然哲学‐精神哲学」からなる「学の体系」を公刊する予定であった。その手始めとして、その体系に先立つ予備的な学問を、ヘーゲルは執筆することにした。これが、『精神現象学』のもともとの構想である。簡単に言えば、**学問以前の日常的な「意識」から、学問の立場（これを「絶対知」という）に導くのが、『精神現象学』の課題**である。

この課題を遂行するとき、ヘーゲルには自分の生きる時代に対する大いなる確信があった。それは、**彼の時代が、ギリシアから始まる歴史の頂点に立っている**という認識である。これを論証するため、『精神現象学』は歴史的展開を詳細に記述した。しかも、その展開はフランス革命後のドイツで歴史が完成される、と考えられている。

ヘーゲルとしては、この歴史的成果を明らかにして、同時代の人々にその意義を自覚させようとしたわけである。

個人的な意識を学問の立場に導くこと、および人類全体の歴史的な展開を自覚すること――

『精神現象学』の位置づけ

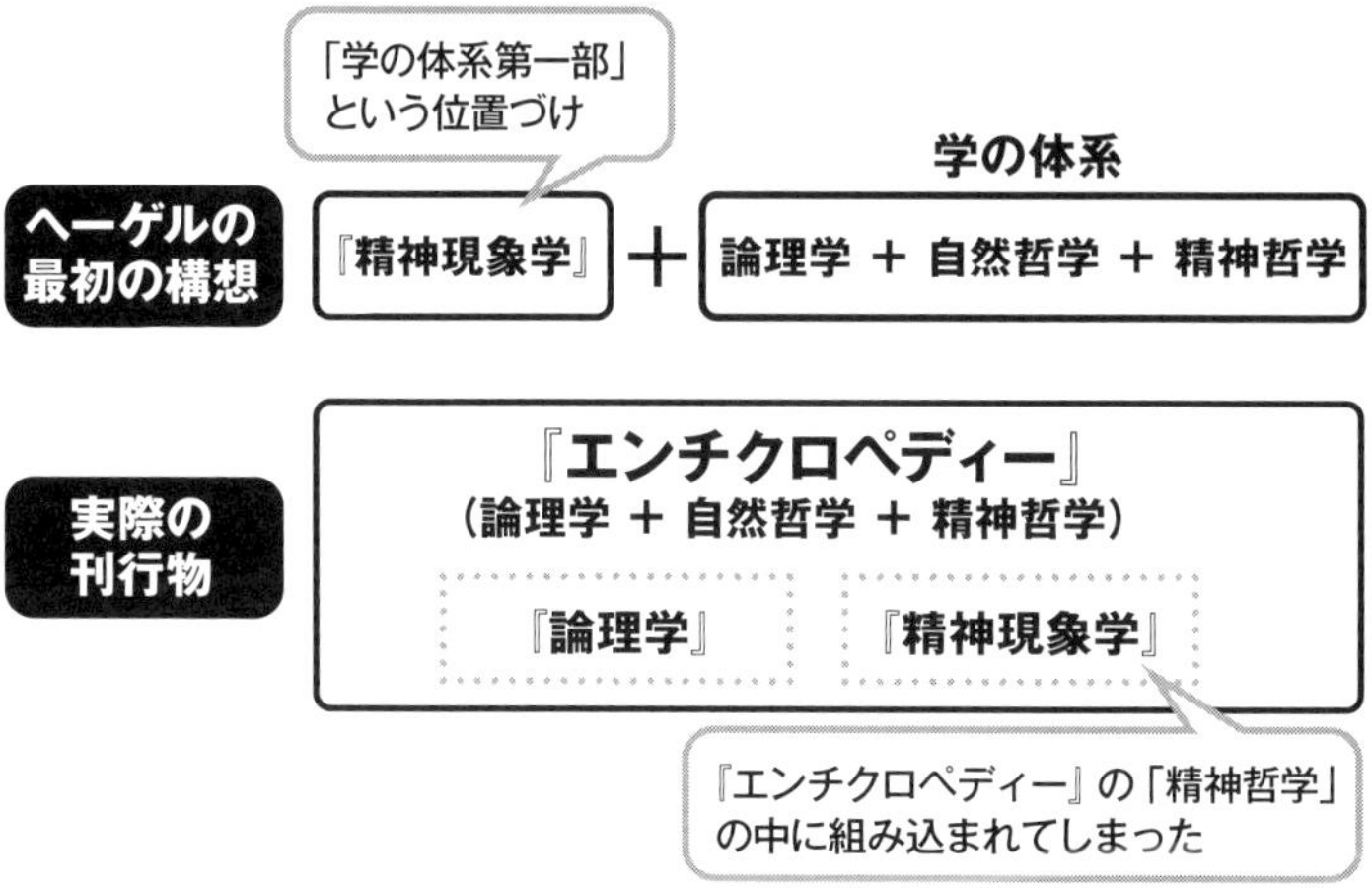

ヘーゲルの最初の構想

「学の体系第一部」という位置づけ

『精神現象学』 ＋ 学の体系：論理学 ＋ 自然哲学 ＋ 精神哲学

実際の刊行物

『エンチクロペディー』（論理学 ＋ 自然哲学 ＋ 精神哲学）

『論理学』　『精神現象学』

『エンチクロペディー』の「精神哲学」の中に組み込まれてしまった

この2つの課題が、『精神現象学』では重ね合わせて論じられる。そのため、議論が錯綜するだけでなく、2つの課題がはたして統一できるのかという疑問さえ生まれてくる。

『精神現象学』が読みにくい理由

さらには、『精神現象学』を執筆する過程で、ヘーゲル自身が最初の構想を変えたこともあって、同じような歴史が何度も登場し、著作全体の構造がいっそう見えにくくなっている。その点について、ヘーゲル自身も自覚していて、『精神現象学』の「構成上の混乱」を語っている。

こうした事情のため、『精神現象学』は名著の中でもとりわけ読みにくい書物になっている。

しかも、その後の経緯が事態をいっそう複雑にしている。

ヘーゲルは、「学の体系第一部」である『精神現象学』を出版した後、『論理学』を出版し、さらに大学の講義用テキストとして百科事典的な『エンチクロペディー（論理学・自然哲学・精神哲学）』を出版した。こうして、いちおう「学の体系」が出そろってしまう。そのため今度は、『精神現象学』の位置づけが微妙になるのだ。

『精神現象学』の一部が、『エンチクロペディー』の「精神哲学」の中に組み込まれ、『精神現象学』は「学の体系第一部」という位置づけを失うことになる。若きヘーゲルが構想した『精神現象学』は、ますます理解しがたくなったのである。

ここで指摘したのはごく一部であるが、『精神現象学』を読むときは、こうした背景を念頭に置くと、理解が進むかもしれない。

ポイント

難解な本書を理解するには「学の体系第一部」という出版背景を知ることが大切

24『意志と表象としての世界』（1819）

アウトゥール・ショーペンハウアー

『意志と表象としての世界（Ⅰ～Ⅲ）』西尾幹二訳（中公クラシックス）

ペシミズムを打ち出し、「人生は不合理で苦悩に充ちている」としたショーペンハウアーが執筆した本書は、若い頃のニーチェに決定的な影響を与えた

19世紀ドイツの思想家。父は富裕な商人、母は女流作家。『意志と表象としての世界』が完成すると、ベルリン大学講師の地位を得たが、ヘーゲル人気に抗せず辞職。生を苦痛とみるペシミズムは日本でも大正期以来、熱心に読み継がれた。

ヘーゲルとは対照的な「ペシミズム」

かつて日本の旧制高校の学生たちが「デカンショ節」（当時、広く歌われていた学生歌）を歌っていた頃、アルトゥール・ショーペンハウアー（1788－1860）は、デカルトやカントと並ぶ哲学者として再読されていた。

人生に思い悩む青年たちにとっては、ショーペンハウアーの哲学は共感を呼ぶものであっただろう。現在の学生には、かつてほど人気があるわけではないが、「デカルト→カント→ショーペンハウアー」の流れは的外れではない。

ドイツの哲学者ショーペンハウアーは、カント哲学から大きな影響を受けている。それに対して、**彼より少し年長のヘーゲルには、強烈な敵対心を抱いていた。**ヘーゲル哲学は当時、べルリンで隆盛をきわめていた。ところが、ショーペンハウアーの著作は、一般的にはあまり評価されていなかったのだ。そのため、ショーペンハウアーのヘーゲル批判はますます強まることになった。

ヘーゲルとショーペンハウアーの対立は、単に個人的なものではなく、根本的には世界観上の対立と考えたほうがいい。ヘーゲルが「オプティミズム（楽天主義）」なのに対して、**ショーペンハウアーは「ペシミズム（悲観主義、厭世主義）」を打ち出している**。ショーペンハウアーにとって、人生は不合理で苦悩に充ちている。この苦悩から、いかに解脱（げだつ）するかがショーペンハウアーの重要な課題になる。

こうしたペシミズムの発想は、**若い頃のニーチェに決定的な影響を与え、『悲劇の誕生』が書かれる機縁となった**のである。しかし、後になると、ニーチェはショーペンハウアーを厳しく批判するようになる。それでも、ショーペンハウアーの書物との出合いは、ニーチェの中で決定的な出来事となった。その本こそ、『意志と表象としての世界』（１８１９）である。

意志とは「自然のなかのあらゆる力」

『意志と表象としての世界』は、４巻から構成されていて、形式的にはとてもすっきりしている。内容的には第１巻が認識論、第２巻が自然哲学、第３巻が芸術哲学、第４巻が倫理学を取り扱っている。全体の構成を示すと以下のようになる。

第1巻　表象としての世界の第一考察：**認識論**
第2巻　意志としての世界の第一考察：**自然哲学**
第3巻　表象としての世界の第二考察：**芸術哲学**
第4巻　意志としての世界の第二考察：**倫理学**

まず、ショーペンハウアーが「世界」を考えるとき、どうして「意志と表象」という二分法を取ったのか考えてみよう。この分け方は、**カント哲学の「物自体と現象」の区分に対応**している。すなわち、「表象としての世界」が現象であり、「意志としての世界」が物自体に対応する。したがって、第1巻は世界を現象として考え、それをどう理解したらいいのかを解明している。

次に、第2巻でショーペンハウアーが意志を考えるとき、特徴的なのは**人間の「意志」に限定しない**ことだ。その他に、動物の本能、植物の運動、無機的自然界のあらゆる力のうちで、盲目的に活動しているものが「意志」と呼ばれている。言うなれば、「自然のなかのあらゆる力」をショーペンハウアーは「意志」と名づけている。

ショーペンハウアーは、意志の特徴として、盲目的であり、最終的な目標をもっていない、と見なしている。こうした意志のあり方を解明するのが、第2巻の課題となっている。

一般人は天才の目を借りて「イデア」を認識する

第3巻で取り扱われるのが、プラトンの「イデア」に関するショーペンハウアーの理解である。彼によれば、プラトンのイデアは表象の形式化にあるが、そのイデアを認識する方法は芸術であり、それを行なうのは天才に他ならない。**普通人は、天才の目を借りてイデアを認識するのだ。**この観点から、ショーペンハウアーは絵画や彫刻などの造形芸術を解明している。

最後の第4巻では、「意志としての世界」が考察されるが、ここでは「生きんとする意志」、とくに人間の「生」の意志をどう理解したらいいのかが論じられる。ショーペンハウアーによれば、**「人間の生は苦悩と退屈の間を往復している」**。ここからどうやって脱却するか、インド思想や仏教、キリスト教などの教えを確認しながら問い直すのだ。

ポイント

意志の特徴は「盲目的であり、最終的な目標をもっていない」こと

25『キリスト教の本質』（1841）

ルートヴィヒ・フォイエルバッハ

当時興隆をきわめたヘーゲルを批判したフォイエルバッハの作品は、マルクスらにも圧倒的な影響を与え、哲学思想の転換点を演出する結果となった

『キリスト教の本質（上・下）』船山信一 訳（岩波文庫）

ドイツの哲学者。青年ヘーゲル派の代表的な存在である。ヘーゲル哲学から出発し、のちに決別。唯物論的な立場から、特に当時のキリスト教に対して激しい批判を行なった。現世的な幸福を説くその思想は、マルクスらに多大な影響を与えた。

「ヘーゲル主義者」から「急進的な批判者」へ

ルートヴィヒ・フォイエルバッハ（1804－1872）は、ヘーゲルからマルクスへと哲学が転換するうえで、決定的な役割をはたした人物である。父は著名な法学者であり、兄弟もほとんどが学者になっている。そのため、彼自身も大学の研究者を目指していたが、1830年に発表した論文によって、教職の道が永久に断たれてしまう。**キリスト教に対して厳しく批判したので、「危険人物」と見なされた**のだ。

もともと彼は神学を研究していたが、当時隆盛をきわめたヘーゲル哲学に触れて、ヘーゲル主義者に変わった。しかし、ヘーゲルの死後、フォイエルバッハはヘーゲル哲学から次第に離れ、独自の道を歩み始める。その頃、ドイツではヘーゲル派が左右に分裂し、批判的で急進的な青年ヘーゲル派が積極的に活動していた。フォイエルバッハは、1840年前後にヘーゲル批判の書を立て続けに発表し、青年ヘーゲル派の中心的存在となった。

マルクスやエンゲルスも、一時期この青年ヘーゲル派に属しており、フォイエルバッハから圧倒的な影響を受けている。若いマルクスの著作には、思想だけでなく表現法までフォイエルバッハを踏襲したものがある。しかし、マルクスとエンゲルスはその後、フォイエルバッハを激しく批判するようになる。

『キリスト教の本質』は3つの論点に集約できる

フォイエルバッハが思想の絶頂期に発表したのが、『キリスト教の本質』（1841）である。その主張は、基本的に次の3つの論点に集約することができる。

①ヘーゲルに代表される思弁的観念論の批判
②キリスト教神学の批判
③現実的な人間学の構築

これら3つは独立した課題ではなく、相互に密接な連関を形づくっている。そこで、この3

つに分けてフォイエルバッハの哲学を理解することにしよう。

①ヘーゲルに代表される思弁的観念論の批判には、２つのポイントがある。

１つは、思弁哲学が根本的にはキリスト教神学が形を変えたものにすぎない、ということだ。ヘーゲルの学説は、「神学の合理的な表現」であり、「神学の最後の隠れ場所」なのである。

もう１つは、ヘーゲル哲学が人間の本質の「疎外された形態」であることだ。ヘーゲル哲学は、「人間の本質を人間の外」へ置き、「人間を人間自身から疎外」した。

②キリスト教神学の批判は、２つの観点から理解できる。

第一に、宗教の「神」が「人間自身の本質」に他ならず、宗教的な意識は人間の自己意識であることだ。「神が人間をつくったのではなく、人間が神をつくった」のである。ただし、ここで「人間」というのは人間の本質、つまり「類としての人間」を意味している。

第二に、宗教が人間の「疎外された形態」であり、批判すべきものであることだ。人間は自分の本質を神へと対象化するとき、神は豊かになるのに対して人間は貧困化していく。「神が主体的・人間的であればあるほど、人間はそれだけますます自分の主体性と人間性を放棄する」。なぜなら、神そのものは、人間の本質が疎外されたものだからである。

ヘーゲル哲学とキリスト教神学に対する批判は、**③現実的な人間学の構築**へと向かう。ヘーゲル哲学もキリスト教神学も、「人間の本質」の疎外された形態であるが、この疎外を克服して「人間の本質」を取り戻すにはどうすればよいか。この課題に答えるのが、フォイエルバッハの「人間学」である。その基本には「自然と感情」があるので、彼の人間学は**自然主義**とも**感性主義**とも呼ばれている。

フォイエルバッハは、ヘーゲルのように抽象的な思惟作用ではなく、自然に立脚した現実的な感性主義によって、疎外のない「人間学」を構築することを目指した。彼が構想した「人間学」によれば、人間は「類的存在」として捉えられ、自分だけで存在する単独な人間とは理解されない。「私」と「君」の区別を認めつつ、両者の統一をめざして「共同体」を志向するが、**その原理となるのが「愛」であり「感覚」である**。このような愛による類的存在の実現という理想は、青年マルクスの思想(『経済学・哲学草稿』)にも決定的な影響を及ぼしている。

こうして、『キリスト教の本質』は、**「宗教の内容と対象が徹頭徹尾人間的なものであること、神学の秘密は人間学であり、神の本質の秘密は人間の本質であることを証明」**するのである。

ポイント

「人間の本質」を取り戻すには、「愛」と「感覚」を基本とした人間学の構築が必要

26『自由論』（1859）

ジョン・スチュアート・ミル

古今東西、「自由」はさまざまに規定されてきた。本書でミルが主張する「自由」は、現代の日本人が想起する「自由」の概念の源流である

『自由論』斉藤悦則 訳（光文社古典新訳文庫）

19世紀イギリスを代表する哲学者・経済学者。功利主義の始祖ベンサムの盟友だった父、ジェームズ・ミルによって幼少時から厳格な教育を受ける。学校教育は受けず、17歳で東インド会社に就職。専門職として学者生活を送ることはなかった。

「満足した愚か者よりも不満足なソクラテスのほうがよい」

「自由」という言葉は、ごく当たり前のように使われているが、あらためてその意味を考えてみると、一筋縄ではいかない。

たとえば、ギリシア時代のアリストテレスと近代ドイツのカントでは、自由の意味はまったく違っている。あるいは、同じ時代でもカントとヘーゲルでは、対立した自由概念を提唱する。こうしたアリストテレスやカント、ヘーゲルとも異なる自由論を展開しているのが、イギリスの哲学者ジョン・スチュアート・ミル（1806－1873）である。

彼は、著名な功利主義者である父ジェームズ・ミルによって英才教育を受けた。ギリシア語やラテン語を早くから学び、**プラトンやアリストテレスの著作は、10歳の頃には原語で読んで**

いたという。数学や論理学、経済学や歴史も父親から教育され、成年に達するときには幅広い教養を身につけていた。そうした教育を受けたミルは、多岐にわたる学問的業績を残しているが、大学で専門的な研究者になることはなかった。

ミルの功績を列挙してみよう。

政治哲学の分野では、ベンサムの功利主義に対して根本的な修正を加えている。ベンサムの功利主義は「最大多数の最大幸福」説として、快楽や苦痛を量的に規定する。ところが、ミルは質的な快楽・苦痛が重要だと主張し、とりわけ精神的な快楽を重視した。**「満足した愚か者よりも不満足なソクラテスのほうがよい」**という言葉は、東京大学の式典でも使われて話題となった。

ミルはまた、経済学や論理学の分野でも画期的な業績を残している。彼の『論理学体系』（1843）は、社会科学にも使えるような方法論を提唱した点で、高く評価されている。**「帰納の5つのカノン」**と呼ばれる方法である。「帰納」というのは、多様な事例から出発して、何らかの法則や仮説を抽出する操作であるが、これは学問だけでなく一般の思考でも広く使われている。

さらに彼は、経済学の分野でも重要な仕事を行ない、『経済学原理』（1848）を発表している。彼の経済学は、しばしば「過渡期の経済学」として批判の対象になってきたが、**古典派経済学に従いながら、その問題点（貧困や格差）にも目を向けた点で、きわめて現代的な経済**

学と見なすことも可能であろう。マルクス主義のような革命路線ではなく、具体的な社会改良を考えるために、あらためて読み直す必要もありそうだ。

カントとは異なる「自由」の概念

ミルの数多くの著作の中で、いまだに通用しているのが、『自由論』（１８５９）である。自由については古今東西さまざまに規定されてきた。しかし、現代人が自由を考えるときに想定しているのは、ミルの自由の考え方と言ってもよい。

たとえば、カントの実践哲学では、欲望や感情など（これをカントは「傾向性」と呼ぶ）を排して、理性や法則に従うことが自由だとされる。しかし、このような考えは、現代人には「理性や法に縛られた不自由」と映るだろう。

それに対して、ミルの『自由論』は現代の日本人には、よく理解できるのではないだろうか。たとえば、日本では、**「他人に迷惑をかけなければ、自由に行動してもよい」**と考えられ、実際子どもにもそう教育している。この自由の考えのもとになっているのが、ミルの『自由論』である。彼はその原理を次のように述べている。

「その原理とは、人類がその成員のいずれか一人の行動の自由に、個人的にせよ集団的にせよ、干渉することが、むしろ正当な根拠をもつとされる唯一の目的は、自己防衛（self-protection）

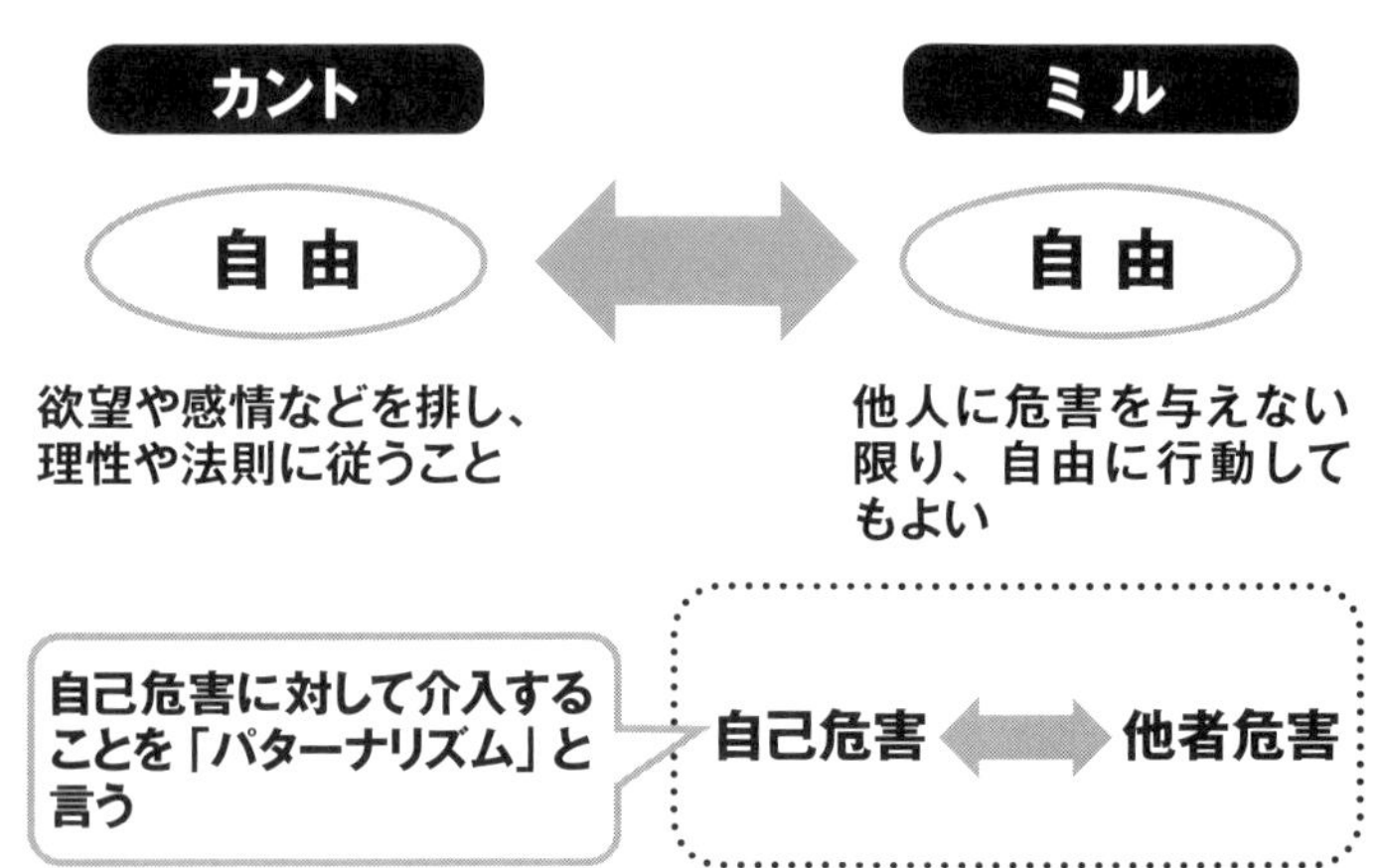

であるというにある。また、文明社会のどの成員に対してにせよ、彼の意志に反して権力を行使しても正当とされるための唯一の目的は、他の成員に及ぶ害の防止にあるというにある」

自由のない「パターナリズム」

ミルの自由論の基本にあるのは、一般に**「他者危害原理」**と呼ばれている。これは「他人に危害を与えない限り、自由に行動してもよい」と定式化される。

この原理のポイントは、危害を「他者危害」と「自己危害」に分けることだ。ミルにとって、他者危害は阻止しなくてはならないが、自己危害に対しては阻止する必要がない。「本人のためにならない」からと言って、自己危害に対して介入するのが、**「パターナリズム」**と呼ばれている。
「パターナリズム」というのは、親のような立場で子どもの自由を認めず、いろいろお節介を焼くことで「父権的温情主義」とも訳される。

ミルは、判断力のある成人にはパターナリズムを認めなかった。たとえ自己危害を及ぼしていたとしても、他者に対して危害を与えていないかぎり、その人の自由を奪うことはできない。

ミルの自由論は、判断力のある成人に対する自由論だが、問題は「判断力のある成人」をどう理解するかである。

ポイント

「他人に迷惑をかけなければ、自由に行動してもよい」という現代の「自由」は、ミルに源流がある

27 『死に至る病』（1849）

セーレン・キルケゴール

「実存主義」の始祖とされるキルケゴールは、既存の「実存」概念に特別な意味を込めた。本書には、彼の実存思想が存分に展開されている

『死に至る病』斎藤信治 訳（岩波文庫）

デンマークの哲学者。当時、支配的だったキリスト教会の形式性と、ヘーゲルとヘーゲル学派の哲学を批判し、個体としての人間の生に立脚して思考した。その思考はハイデガーをはじめ、後に実存主義と呼ばれる哲学者たちに大きな影響を与えた。

「実存」概念を人間だけに限定

19世紀の中頃、ドイツで全盛をきわめていたヘーゲル哲学には、ヘーゲルの死後3つの方向から批判が寄せられた。

1つはマルクスたちの共産主義、もう1つはショーペンハウアーのペシミズム、そして最後にセーレン・キルケゴール（1813 - 1855）の**「実存主義」**である。これらの批判は、ヘーゲル以後の哲学として、20世紀において大きな影響をもつようになる。

キルケゴールは、デンマークの思想家である。当時、ヘーゲル哲学はデンマークにも影響を及ぼしていた。キルケゴールも例外ではなく、若い頃はヘーゲルの著作を読み漁っていた。

しかし、どれほどヘーゲルの壮大な体系を理解しても、「この私」の問題は解決されないことがわかってくる。『死に至る病』（1849）によると、**ヘーゲルは壮麗な宮殿（理論体系）を打ち立ててはいるが、彼自身（彼の実存）が住むのは、その脇の納屋か犬小屋程度である、**と揶揄(やゆ)している。

キルケゴールが実存主義の始祖とされるのは、彼が「実存」という概念に特別な意味を込めたからだ。

伝統的には、「実存（existence）」という概念は、「本質（essence）」とペアで使われてきた。それによると、実存は「現実存在」の略で、日本語では「〜がある」を意味する概念だ。対して、本質は「本質存在」の略で、「〜である」を意味している。神の存在が問題になるのは、**神の本質をどんなに規定しても、「神がある」こと（現実存在）は証明できない、**とされてきたからである。

こうした伝統的な「実存（現実存在）」概念の使い方に対して、キルケゴールは今までとは違った形で、その言葉を用いるようになった。つまり彼は、**「実存」概念を人間だけに限定し、人間の特別なあり方として「実存」を語った**のである。

ただし、こうした「実存」概念が使われるのは、マニアックな著作『哲学的断片のあとがき』のなかでであり、ポピュラーな著作には登場しないので、注意が必要である。

キルケゴールは、他の著作では、人間の精神や自己を表現するとき、「実存」規定と同じ表現を使っている。とくに、『死に至る病』は20世紀の実存主義哲学者たちに大きな影響を与えたが、本書の冒頭で語られる「人間の精神」についての規定は、キルケゴールの「実存」概念と考えてもいい。

人間の精神は2つのものから構成される

本書は、1849年にキルケゴールが偽名を使って出版した著作である。彼の代表作として、実存的な思想が存分に展開されている。キルケゴールの書籍をひとつ読むとすれば、まずは本書を手に取るのがいい。ただし、本論の初めで「実存」としての人間のあり方を説明しているが、難解な箇所として有名だ。

たとえば、次のように語られる。

「人間は精神である。しかし、精神とは何であるか。精神とは自己である。しかし自己であるとは何であるか。自己であるとは、ひとつの関係、その関係それ自身に関係する関係である。あるいは、その関係において、その関係がそれ自身に関係するということ、そのことである。自己とは関係そのものではなくして、関係がそれ自身に関係するということである。人間は、有限性と無限性との、時間的なものと永遠なものとの、自由と必然との総合、要するにひとつの総合である。総合というのは、2つのものの間の関係である。このように考えたのでは、人間は、まだ自己ではない」

実存主義の原則

人間の精神

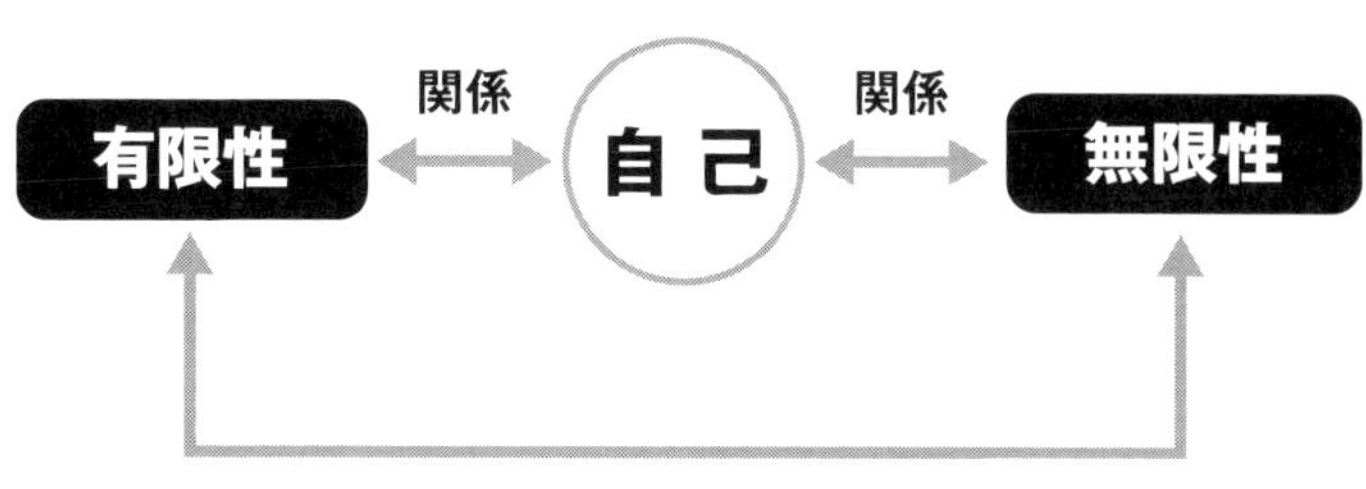

矛盾する2つの関係

➡実存主義では、人間をつねに関係として捉え、それにどう関係するかを問題にする

なんとも複雑な表現だが、確認しておきたいのは次の2点である。

まず、人間の精神が2つのもの（たとえば有限性や無限性）から構成されていて、1つの関係（総合）であること。さらには、人間の自己はそうした関係に関係するということ。

人間は対立を統合できない

このように、**人間をつねに関係として捉え、それにどう関係するかを問題にするのが、実存主義の原則**である。

そのため、キルケゴールは「弁証法」を強調している。これは、ヘーゲルのように対立するものを1つに統一するような（あれもこれも）弁証法ではない。むしろ、**対立を強調し、1つに統一できないまま2つを維持し続**

ける（あれかこれか）弁証法である。

キルケゴールによれば、こうした対立を、1つに統合できないまま抱え続けざるを得ないところに、人間の実存の不幸がある。

『死に至る病』は、こうした人間存在の実存的なあり方にもとづいて、「絶望」を自己に対する関係性から分析していくのだ。その際、見失ってならないのは、**1つに融合できない対立した関係の緊張である**。そこにキルケゴールの実存主義の意義がある。

ポイント

実存主義の原則は、人間を「関係」として捉え、それにどう関係するかを問題にすること

28『資本論』（1867）

カール・マルクス

資本家と労働者の格差が拡大していた19世紀後半、マルクスは資本主義社会の構造的な分析を行ない、経済・社会の問題解決を試みた

『資本論（一〜九）』エンゲルス 編・向坂逸郎 訳（岩波文庫）

ドイツの哲学者・経済学者。科学的社会主義（マルクス主義）を打ちたて、資本主義の発展により社会主義・共産主義社会が到来する必然性を説いた。『資本論』の理論に依拠した経済学体系はマルクス経済学と呼ばれ、多方面に影響を与えた。

後世の哲学に影響を及ぼした「唯物史観」

言わずと知れた社会主義・共産主義思想の提唱者カール・マルクス（1818‐1883）は、若い頃はヘーゲル哲学に傾倒し、フォイエルバッハなどが領導するヘーゲル左派（青年ヘーゲル派）の立場から、新たな社会思想を展開している。

彼は最初、大学での研究者を志していたが、やがてドイツからの亡命を余儀なくされ、生涯の大半は亡命地のイギリスで活動した。

青年ヘーゲル派の哲学に依拠していたマルクスは、僚友のフリードリヒ・エンゲルスと一緒に書いた『ドイツ・イデオロギー』（1845）において、それまでの「哲学的意識」を清算したと述べている。

彼はそれ以後、経済学の研究に没頭し、資本主義社会の構造的な分析を行なうとともに、その歴史的な展望について語っている。その成果が、『資本論』（１８６７）である。『資本論』は、資本主義社会の経済学的分析の書である。しかし、それが**マルクス独自の哲学にもとづいて展開されている**ことは強調しておかなくてはならない。

たとえば、『資本論』の最初の構想である『経済学批判』では、序文において**「唯物史観」**が定式化されている。この歴史観をめぐっては、認識論や存在論の観点から、これまで何度も議論され、それに基づく哲学的流派も形成されている。サルトルの実存主義も、レヴィ・ストロースの構造主義も、ハーバーマスのコミュニケーション的行為論も、マルクスの「唯物史観」にどう対応するかという視点から形成されたのである。

「商品」分析から始まる『資本論』の冒頭を見てみよう。ここでは、経済学者の理論とともに、ヘーゲルやアリストテレスの議論が取り上げられ、やや皮肉交じりに解明されているのは周知のことであろう。実際、「商品のフェティッシュ的性格とその秘密」と題された節では、次のように書かれている。

「商品なるものは、一見したところ、あたりまえのありふれた物であるが、商品を分析してみると、それは形而上学的な精妙さと神学的な気むずかしさにみちた、きわめてやっかいなものであることがわかる」

ここからも推察できるように、近代社会の経済学的分析を行なった『資本論』には、マルクス独自の哲学が盛り込まれている。したがって、『資本論』は哲学的にも読む必要があるのだ。

ポイントはマルクス一人で執筆した第1巻

『資本論』を哲学的に理解する場合、さまざまなアプローチが可能である。たとえば、その方法論を考えるとき、「第2版のあとがき」でヘーゲルの「弁証法」について言及し、上向法・下降法について語っている。これは、プラトンの「ディアレクティケー（問答法・弁証法）」にも関係し、今までこの観点からしばしば議論されてきた。

すでに述べたように、『経済学批判』で表明された「唯物史観」は、歴史論としても、認識論としても、人間存在論としても多面的に解明することが可能である。実際、この問題に関する研究は、今までもたくさん行なわれてきた。しかし、ここでは、『資本論』そのものの内部に着目し、その哲学的意味を考えてみよう。

『資本論』は、全体で3巻から構成される大作だ。翻訳だと文庫版で全9冊にもなる。しかし、この中でマルクスが自分の手で出版したのは第1巻のみで、それ以外はマルクスの死後、エンゲルスによって編集、出版されたものだ。

したがって、『資本論』全体の構想を見るためには、3巻全体を考えなくてはならないが、**マルクスが第1巻を出版したとき、どんなビジョンをもっていたのかは重要な問題**である。

資本主義の終焉とその後の社会

ここでは、マルクスが『資本論』を書いていたとき、資本主義の終わりをどのようにイメージしていたのか、確認しておくことにしよう。

『資本論』は、一方では資本主義社会を客観的な観点から冷静に解き明かそうとしている。マルクスとしては、資本主義社会がその内部に矛盾をはらみ、「鉄の必然性によって」自ら瓦解(がかい)することを論証しようとする。

だが、もう一方で『資本論』は、実践的な展望をもち、**労働者による革命的な展望を語っている**。それが、『資本論』第1巻の終わり近く（第24章第7節）で論じられる「資本蓄積の歴史的傾向」である。

この箇所でマルクスは、資本主義以前から資本主義以後にかけて、短いながらはっきりとした構図を打ち出している。少し長くなるが、基本的な箇所なので見ておこう。

「資本制的私的所有の終わりを告げる鐘が鳴る。収奪者たちの私有財産が剥奪される。資本制的生産様式から生まれた資本制的な私有化の形式である資本制的な私的所有は、自分自身の労

資本主義以前から資本主義以後にかけての構図

資本主義に先立つ社会
自己自身の労働に依拠した個人的な私的所有
［個人的所有・私的所有］

第１の否定

資本制的生産様式
資本制的私有化の形式、資本制的な私的所有
［資本制的所有・私的所有］

第２の否定

資本主義後の社会
協同作業、土地の共同所有、生産手段の共同所有に基づく、個人的な所有
［個人的所有・共同所有］

働に依拠していた、それまでの個人的な私的所有に対する最初の否定である。しかし、資本制的生産は、自然過程と同じ必然性によって自己自身の否定を生み出す。これは否定の否定である。この否定は私的所有を再び立て直すことはしないが、資本制的時代の成果を基盤として個人的所有を作り出す。すなわち、協同作業と土地の共同所有、また労働を通じて生み出された生産手段の共同所有によって、個人的所有を生み出す」

ここに書かれているのは、**マルクスの未来社会論であり、一般には社会主義や共産主義と呼ばれているもの**だ。意外なことに、マルクスは資本主義に代わる未来社会について、あまり細かく語っていない。

資本主義を否定して、どのような社会がで

きあがるのか——この重大な問題が、この部分に凝縮されている。この箇所を明確にするため、図式化してみよう（前ページ図参照）。

ここでマルクスが想定している未来社会は、**土地や生産手段の共同所有にもとづく「個人的所有」**であるが、具体的にどのような社会をイメージしているのだろうか。あらためて、マルクスの思想に目を向ける必要がある。

ポイント

資本主義以後の世界について、社会主義（共産主義）をイメージさせる未来社会像を描いている

29『ツァラトゥストラ』（1885）

フリードリヒ・ニーチェ

波瀾万丈の人生を送ったニーチェが、小説のようなスタイルで執筆した本書は〝謎〟が多い。「謎解き」をしながら読み進めるのも楽しみ方のひとつ

『ツァラトゥストラ』手塚富雄 訳（中公文庫）

ドイツの思想家。24歳でバーゼル大学の教授になるが、処女作『悲劇の誕生』が学界で反発され、事実上アカデミズムから追放される。近代市民社会、キリスト教道徳、西洋形而上学などをラディカルに批判した。晩年は精神錯乱に陥って死去。

10年ごとに訪れた人生の転機

19世紀も終わりに近づく頃、ドイツの哲学者フリードリヒ・ニーチェ（1844-1900）は**「次の2世紀がニヒリズムの時代だ」**と予言した。この予言は的中し、今日ますますニーチェの正しさを実感するようになっている。

「ニヒリズム」というのは、ラテン語の「ニヒル（何もない：nothing）」からつくられた言葉で、**絶対的な価値や真理が消滅したこと**を語っている。たしかに、私たちはさまざまな場面で最終的な判断基準に自信が持てなくなっている。こうした相対主義（人間の認識や評価はすべて相対的で、真理の絶対的な妥当性を認めない立場）の蔓延を、ニーチェは予言したのだ。

ニーチェは人物そのものにも関心が集まる、ドラマチックな哲学者だ。たとえば、弱冠24歳のとき、博士号も教員資格もなかったのに、恩師のすすめでバーゼル大学の正教授に抜擢される。ところが、その3年後に処女作『悲劇の誕生』を書いて恩師に献呈すると、まったく評価されず、専門の古典文献学の世界から追放されてしまう。その後は、10年ごとに大きな転機が訪れている。

ニーチェは大学に赴任してから10年後（１８７９年）、大学を辞して年金生活に入る。その後は夏と冬で居住地を変えながら、漂泊の生活を送っている。その生活から狂気に至る10年間が、思想的にはきわめて生産的な時代である。主著の『ツァラトゥストラ』（１８８５）が執筆されたのもこの時代であり、『権力への意志』という遺稿が書かれたのも同時代だ。

ところが、１８８９年、**ニーチェはイタリアのトリノの広場で精神錯乱に陥り、それから10年ほど狂気の境をさまよい、１９００年に他界**した。

いやはや、なんとも壮絶な人生だが、ニーチェの哲学とはどのようなものだろうか。ここでは、主著とされる『ツァラトゥストラ』から、彼の考えを理解することにしよう。

人間は「超人」へと向かう

ニーチェの『ツァラトゥストラ』は書名自体は有名だが、その取り扱い方がけっこう難しい。まず、書物の形式を見たとき、これが哲学の本なのかどうか、おそらく判断が分かれるだろう。ツァラトゥストラという人物（歴史的には、ゾロアスター教の教祖）の言動をつづった内容だが、一見したところ、**小説か脚本のような印象を受ける**。へビや鷲といった動物が登場したり、太陽のような自然に語りかけたり、比喩が多用されている。しかも、それぞれの形象が何を意味するのか、ほとんど明らかにされないのだ。まるで詩を読むように、謎解きしなくてはならない。

そもそも、ニーチェは何を語ろうとしているのか。『ツァラトゥストラ』の序説において、ニーチェは有名な「綱渡り師と道化師」の話を語っている。ニーチェによれば、**「人間は、動物と超人のあいだに張りわたされた一本の綱」**である。人間であることは決して目標ではなく、自分自身を乗り越えて、超人へと向かわなくてはならない、とされる。

自分自身を乗り越えるために、人間がたどるのが「精神の3つの変化」である。精神はまず、「駱駝（らくだ）」へと変化し、道徳の重荷を背負うことになる。次に、駱駝は「獅子（しし）」に変化し、道徳を厳しく批判して、自由な精神となる。最後に、獅子は「子ども」へと変化して、遊びのやり方で新たな価値を創造する。こうして精神は、超人へと向かうわけである。

ただし、この3つの変化と超人の関係をどう理解するかは、『ツァラトゥストラ』には直接的な言及はない。そのため、多くの謎解きが要求されることになる。

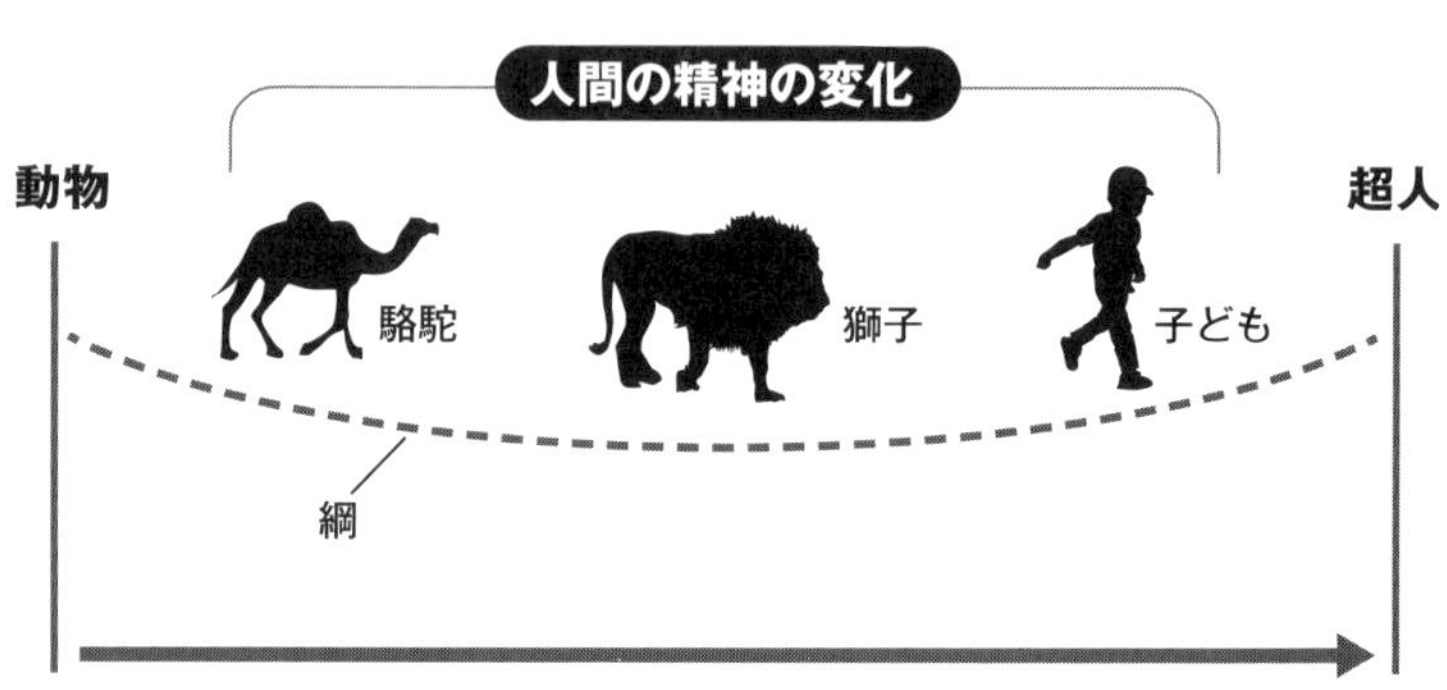

解釈が未確定の「永遠回帰」思想

超人になると、いったい何が可能になるのだろうか。

それが**「永遠回帰」思想**である。ニーチェはこれを『ツァラトゥストラ』の根本着想と呼び、**「およそ到達しうる限りの最高の肯定の方式」**と書いている。

1881年8月にニーチェはこの着想を抱き、そこから『ツァラトゥストラ』の執筆が可能になったと述べている。しかし、すべてのものが同じ順序で永遠に繰り返す、という「永遠回帰」の理解については、研究者たちの間でも確定的な解釈がなく、いまだに議論が続いている。

『ツァラトゥストラ』のもう1つの根本思想として、**「権力への意志」**を理解しなくてはならない。これは以前、ナチスに利用されたこともあって、誤解されないように「力への意志」と訳されることがある。

人間を含め、すべての生あるものは、自分の力を増大させ、支配をめざし、「権力への意志」をもっている。特筆すべきは、ニーチェがこの概念を人間関係だけでなく、認識や道徳、芸術にまで広げて総体的に理解しようとしたことである。森羅万象、権力への意志によって捉え直されるわけである。超人は、この権力への意志のいわば体現者に他ならない。

とすれば、この「権力への意志」と「永遠回帰」の関係は、どのように理解できるのだろうか。これが『ツァラトゥストラ』の根本問題といってもよい。

ポイント

根本思想の「永遠回帰」思想と「権力への意志」を理解することが重要

30『イデーン』（1913）

エトムント・フッサール

諸学問の基礎付けをめざす「現象学」を創始したフッサール。彼は科学と哲学の関係をめぐってさまざまな概念を提示し、その問題に取り組んだ

『イデーン（Ⅰ〜Ⅲ）』渡辺二郎他 訳（みすず書房）

オーストリア出身の哲学者・数学者。初めは数学基礎論の研究者であったが、ブレンターノの影響を受け、哲学の側からの諸学問の基礎付けへと関心を移した。まったく新しい対象へのアプローチの方法として「現象学」を提唱するに至った。

現代「現象学」の始点

「現象学」という言葉は、もともとは18世紀の哲学者ランベルトが『新オルガノン』の中で使い始めた。その後、ヘーゲルが自身のデビュー作『精神現象学』（124ページ参照）のために採用したことで、広く知られるようになった。

しかし、現代の現象学派は、これとは直接関係がなく、19世紀末にエトムント・フッサール（1859‐1938）が新たに始めたものだ。その点で、現象学という言葉を使うときは、注意が必要である。

また、フッサールの弟子たち、あるいはフッサールに影響された人たちも、自分たちの思想を現象学と呼ぶので、現象学派といっても1つではない。むしろ、スピーゲルバーグの著書のように、現象学を1つに限定するのではなく、さまざまな現象学の展開、つまり**「現象学的運動」**として理解するのがいいだろう。その点で、**フッサールは現代の現象学のいわば始点をなしている**。

フッサールは、ユダヤ系の哲学者であり、当時はオーストリア領だった一地方に生まれた。最初は数学の研究を志したが、ウィーン大学でフランツ・ブレンターノの講義を聞くに及び、哲学へと専攻を変えている。

ブレンターノの基本的概念になっていたのが、意識の「志向性」であった。これはもともと、中世のスコラ哲学で使われたものだが、ブレンターノは**「あらゆる心的現象が対象への志向的関係をもつ」と考え、「志向性」の概念を哲学に導入した**のである。

フッサールはこれに啓示を受けたかのように、「志向性」の概念にもとづいて彼の現象学を形成し始めたのである。

しかし、フッサールの現象学といっても、その理解はただ1つというわけではない。というのも、彼自身が現象学を形成した後、たえず手を入れ続け、当初のものとは内容が変わってしまったからだ。

しかも、彼の弟子や、影響を受けた後続の哲学者たちも、それぞれが理解した「現象学」を、フッサール思想として語るものだから、話が複雑になってくる。

たとえば、ハイデガーはフッサールの初期の頃の『論理学研究』に大きな影響を受け、サルトルは中期の『イデーン』（1913）を現象学のモデルにし、メルロー＝ポンティは後期の『ヨーロッパ諸学の危機と超越論的現象学』を現象学の可能性として発掘した。この点に注意しながら、フッサール現象学にはアプローチしなくてはならない。

「諸学問の基礎付け」としての現象学

フッサールの現象学が少しずつ変更を加えられたとしても、一貫して取り組んだテーマがある。諸学問、たとえば自然科学や数学、論理学に対する哲学の関係であり、もっとはっきり言えば**「諸学問を基礎付ける」という現象学の位置付け**である。これは、現象学の野望と言えるかもしれない。

たとえば、最初の著作が『算術の哲学』であり、最後の著作が『ヨーロッパ諸学の危機と超越論的現象学』であるのを見れば、フッサールの関心がどこにあったのかがわかるはずだ。フッサールは、現象学を展開するとき、**諸科学と哲学との緊張関係の中で問題に取り組んでいた**のである。

そのため、彼はさまざまな概念を考案している。「判断中止」「現象学的還元」「本質直観」「超越論的構成」といった概念は、そのすべてが科学と哲学の関係をめぐって提示されている。そこで、『イデーン』に即しながら、その意味を確認しておこう（『イデーン』には、出版さ

フッサールの「現象学的還元」

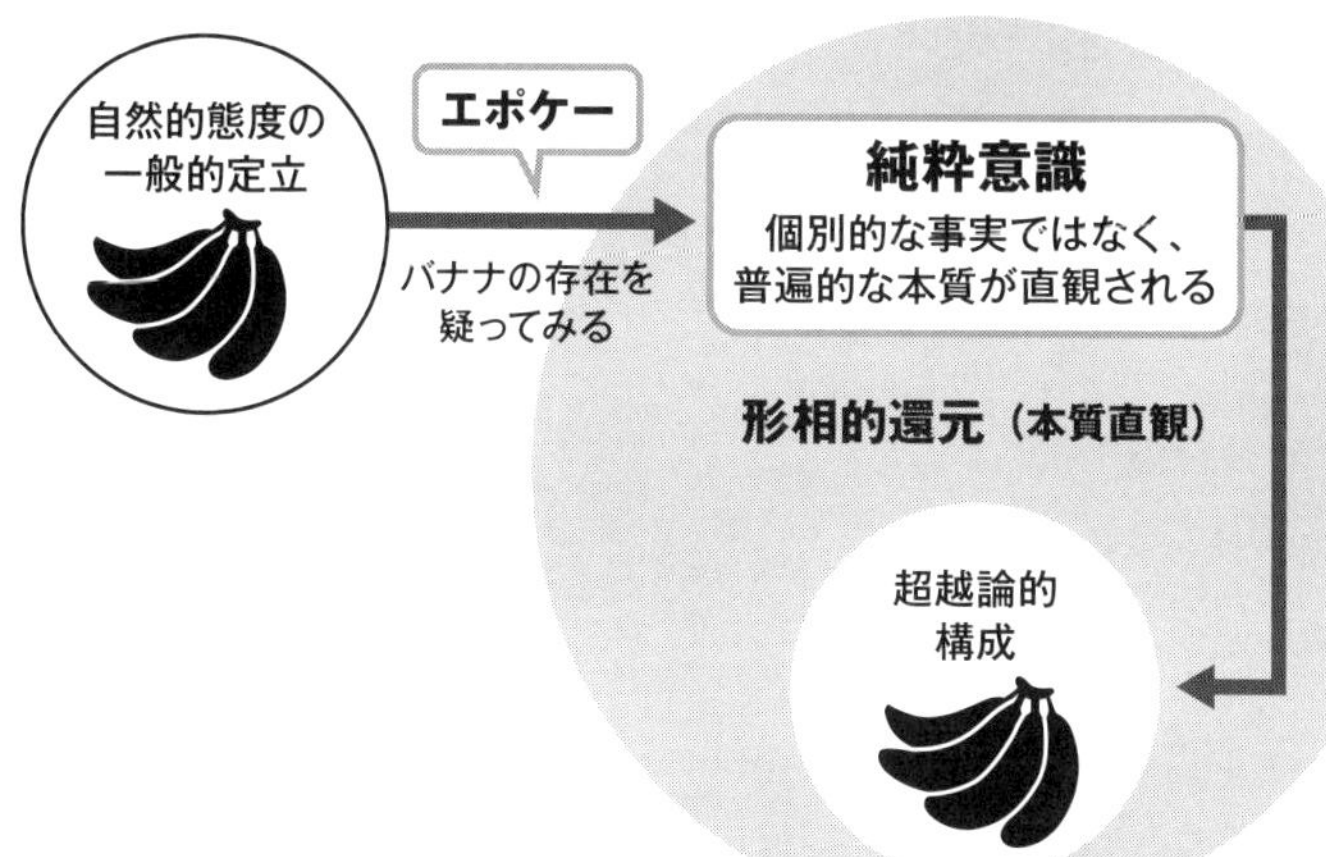

れた『イデーン1』と遺稿の『イデーン2・3』がある）。

一度スイッチを切る「エポケー」

フッサールによると、日常生活だけでなく、科学研究においても、世界やその中のものが「存在するもの」として自然に受け入れられている。フッサールはこれを「自然的態度の一般的定立」と呼び、そのスイッチを一度切ることを求める。これが**「判断中止（エポケー）」**である。これによって「純粋意識」という現象学の領野へと引き戻されるため、フッサールはそれを**「現象学的還元」**と呼んでいる。

では、現象学的還元によって見出された「純粋意識」は、今までの自然的態度とどう違うのだろうか。自然的態度では、「存在するもの」はそれぞれ個別的なものとして理解されているのに対し、還元によって与えられる「純粋意識」では、個々のものの本質ないし形相が直観される、と言われる。つまり、**個別的な事実ではなく、普遍的な本質が直観される**のだ。これをフッサールは、**「形相的還元」**と呼ぶこともある。

こうして現象学の領野へと引き戻し、純粋意識における「本質直観」を取り出した後、今度はその逆の学の道が必要になる。つまり、**純粋意識から、どのようにして科学や日常生活のような自然的態度が生まれるのか**、ということだ。

純粋意識からあらためて最初の出発点へ帰っていかなくてはならないが、これをフッサールは**「超越論的構成」**と呼んでいる。構成と還元は逆の道行きであるが、フッサールにかぎらず、構成は還元に比べてきわめて困難な道である。

ポイント

「現象学的還元」によって普遍的な本質があらわになり、絶対的な認識を得ることができる

第4章

いったい自分は何者なのか？

人間の「存在」をめぐる名著10冊

31『物質と記憶』(1896)

アンリ・ベルクソン

自然科学の発達により哲学の存在意義が問われていた頃、ベルクソンは「身体(物質)」と「心(記憶)」の二元論を展開し、独自の哲学を切り拓いた

『物質と記憶』熊野純彦 訳(岩波文庫)

フランスの哲学者。近代の自然科学的・機械的思考方法の克服、内的認識・哲学的直観の優位を説き、生命の流動性を重視する生の哲学を主張。1928年ノーベル文学賞受賞。その他の著書に『創造的進化』『道徳と宗教の二源泉』など。

プラグマティズムや分析哲学から再評価

20世紀のドイツとフランスで、大きな影響を与えた2人の哲学者が、同じ年(1859年)に生を受けている。現象学を始めたフッサール(1859-1938)と、**エラン・ヴィタール(生命の躍動)の哲学**を唱えたアンリ・ベルクソン(1859-1941)である。それより、10年ほど前に生まれた分析哲学の創始者フレーゲ(1848-1925)を加えると、現代哲学の大きな流れは、ひと通り押さえることができそうだ。

彼らには、生まれた年代の近さだけでなく、直面していた問題が共通していたことも指摘できる。**当時、大きな力をもち始めた自然科学に対して、哲学はいったいどのような態度をとるのか、また実際に何ができるのか、抜き差しならない問いが突きつけられていた**のだ。科学と哲学との緊迫した関係のうちで、ベルクソンはフッサールとは違った形で自らの哲学を形成したのである。

ベルクソンはフランスの哲学者とされているが、父親はポーランド系のユダヤ人である。幼少期は、イギリス人である母親とともに英国に住んでいる。後に、彼はフランスに移り住み、フランスを代表する哲学者としてノーベル文学賞を授与され、ドイツ占領下のパリで晩年を迎えている。

サルトルやメルロー＝ポンティなど、彼に続く世代のフランスの哲学者たちが、現象学を学ぶためにドイツのフッサールのもとへ向かったのは皮肉なことである。

しかし、その後の世代は、ベルクソンの意義をあらためて確認し、とくにフランスの哲学者ドゥルーズは『ベルクソンの哲学』を執筆し、ベルクソン再評価の方向を強く打ち出した。現在では、ベルクソンの哲学は**プラグマティズムや分析哲学といったアングロサクソン圏の哲学者からも、あらためて研究されるようになっている。**

二元論を読み解くカギは「イマージュ」

ベルクソンはその生涯において、4つの主著を出版しているが、**そのどれもが2つのものの関係をテーマとしている。**

まず、『意識に直接与えられたものについての試論』（1889）は、英語のタイトルでは『時間と自由』となっている。次に発表された『物質と記憶』（1896）や、最後の主著『道徳と宗教の二源泉』（1932）が、2つの関係をテーマにしていることは言うまでもないだろう。また、3番目の主著『創造的進化』（1907）にしても、進化と創造の関係であることは理解できるのではなかろうか。そのことに気づくと、ベルクソンの関心がどこにあったのかがわかるはずだ。

では、『物質と記憶』では、どんな関係が解明されたのだろうか。

物質は「身体」に、記憶は「心」に置き換えてもいい。そうすれば、ベルクソンが取り組んでいたのは、**「身心問題」として取り扱われてきたテーマ**であることがわかる。

ベルクソンは、『物質と記憶』の序文で、「本書は、二元論がつねに惹起（じゃっき）してきた数々の理論的困難を消し去るとまでは言わないまでも、それらを大いに軽減するのを望むような仕方で、身体と精神を思い描いている」と書いている。しかもその立場は、「常識（共通感覚）」によって採用されているが、「哲学者」たちはいっこうに認めないのである。

では、身体と精神の二元論の困難を、ベルクソンはどのように消し去ろうとするのだろうか。そのカギになるのが、**「イマージュ」**という概念である。ごく普通に使う言葉（英語では「イメージ」）だが、ベルクソンは特別な意味をもたせている。「事物」と「表象」の中間に位置づけ

『物質と記憶』で解明された関係

従来の二元論

➡ベルグソンは、「身体と心」という二元論の理論的困難を「イマージュ」の概念から解明しようとした

られた実在の意味として、「イマージュ」は使われているのだ。こう書くと難しそうに感じるが、ベルクソンは「常識」、つまり、**「哲学者のあいだでのさまざまな議論など知ることのない精神」のなかでは理解されている**と述べている。

記憶は脳から独立した領域である

こうした「イマージュ」概念にもとづきながら、ベルクソンが自分の議論を展開するとき、特筆すべきは、たんに哲学理論のみを考察するのではなく、「失語症」のような具体的な症例にもとづきながら、物質（脳）と記憶（心）の関係を解明することである。当時の見解では、失語症は記憶の喪失として、脳細胞の破壊によって起こると見なされていた。ところが、ベルクソンは、**記憶が脳に含まれるのではなく、それ自身独立した領域であることを主張した**のである。

記憶を脳から独立化させるというベルクソンの発想は、一見したところ科学の発展を無視した考えのように思われるかもしれない。ところが、現代の脳生理学の研究においても、記憶の脳からの独立性は確証されている。その点で、ベルクソンの理論は、現代科学の成果とも一致している。

ポイント

「身体」と「精神」の二元論の困難を、「常識」にもとづく「イマージュ」という概念で克服した

32『表示について』（1905）

バートランド・ラッセル

ノーベル文学賞を受賞するなど多彩な活躍を見せていたラッセル。本書の議論は、ドイツの哲学者フレーゲからの影響を抜きにしては語れない

『現代哲学基本論文集I』所収 清水義夫 訳（勁草書房）

イギリスの哲学者・数学者。ヘーゲル哲学から経験主義に転向し、初期の論理実証主義に影響を与える。晩年は平和活動に身を捧げ、アインシュタインと「ラッセル＝アインシュタイン宣言」を発表。ベトナム戦争でもサルトルらと抗議行動を展開。

数学を論理学へと還元した「論理主義」

哲学者には多彩な活動をする人が少なくない。現代においてその代表と言えるのが、イギリスのバートランド・ラッセル（１８７２‐１９７０）であろう。

その足跡をたどるだけでも1冊の本ができる。たとえば、学者として研究しただけでなく、若い頃は反戦運動を行なったり、第二次大戦後は核兵器廃絶を訴えて国際裁判を開いたりしている。貴族の家に生まれながら、生涯に3度も離婚し、社会活動のために投獄された経験もある。

また、執筆活動を見ると、幸福論を書いたり、社会批評を行なったりするだけでなく、**１９５０年にはノーベル文学賞も受賞**している。文章力には定評があり、ある年代以上の人は大学入試の英文解釈で、ラッセルの文章を読んだことがあるはずだ。

しかし、そうした活動とは別に、ラッセルは学問の領域でさらに目立った業績をあげている。かつて彼は、冗談めかして次のようなことを語ったことがある。

「頭の一番いいときに数学をやり、少し悪くなると哲学をやり、もっと悪くなって哲学もできなくなったので、歴史に手をつけた」

この表現をどこまで真剣に受け取るかは注意を要するが、数学から哲学、さらには歴史へとラッセルの研究が移ったことは確かである。

ラッセルの名前を世界的に知らしめたのは、1910年にホワイトヘッドと共著で出版した『プリンキピア・マテマティカ』である。その立場は**論理主義**と呼ばれている。数学の諸規則を論理学の諸規則から演繹し、数学を論理学へと還元した。この考えは、**ドイツの哲学者のフレーゲから影響を受けて形成されたも**のだ。

1905年に発表された『表示について』でも、同じような流れを見て取ることができる。そこで、あらかじめフレーゲの思想を見ておかなくてはならない。

「意義」と「意味」の区別

フレーゲは、1892年に発表した論文「意義（Sinn）と意味（Bedeutung）について」の中で、命題に現われるさまざまな語の意義と意味を区別した。しかし、そもそも「意義」と「意

ラッセルとフレーゲの用語の違い

フレーゲ		ラッセル
意義	……	意味
意味	……	表示対象

➡フレーゲの「意義」と「意味」の議論に対して、ラッセルは「表示句」という語法で理論を展開

味」はどう違うのだろうか。

フレーゲが出した例がわかりやすいだろう。たとえば、「明けの明星」と「宵の明星」は、言葉によって表現されている内容という点では異なっている。これをフレーゲは「意義」と呼ぶ。しかし、天文学の知識がある人であれば、「明けの明星」も「宵の明星」も、いずれも「金星」であることは知っている。すなわち、２つの表現が指示している対象は同じであり、これをフレーゲは「意味」と呼ぶのだ。したがって、**「明けの明星」と「宵の明星」は、意義においては異なっているが、意味においては同一**である、と言われる。

この区別に関して、ラッセルとフレーゲは書簡（１９０４年）の中で意見を戦わせたことがある。「モンブランは４０００メートル以上の高さである」という命題に対して、フレ

ーゲは「雪原をいただいたモンブラン自体」（すなわち「意味」あるいは指示対象）が構成要素ではないと主張する。ところが、ラッセルは構成要素である、と反論するのだ。

「このことを認めないと、われわれはモンブランそのものについては何も知らないということになるでしょう」

ラッセルはフレーゲに対応すべく、『表示について』を書くことになる。ただしラッセルは、フレーゲとは違って**「意味」と「表示対象」**という言葉を使うので、注意が必要である。混乱を引き起こしそうなので、2人の用語の対応を図示しておくことにしよう（前ページ参照）。

ラッセルはこの問題を考えるため、**「表示句」**と呼ばれる語法に注目している。「表示句」はさまざまあるが、基本的なものとして　①allで始まる名詞句　②aで始まる名詞句　③theで始まる単数形の名詞句を挙げることができる。とくに③は**「確定記述句」**と呼ばれている。

ラッセルはこうした「表示句」を導入して、フレーゲの「意義」と「意味」の議論に対して、独自の理論を展開しようとしたが、その理論は難解なために、多くの研究者を悩ませることになった。

ポイント

フレーゲから影響を受けたラッセルは「意義」と「意味」の区別について意見を戦わせた

33『論理哲学論考』（1921）

ルートヴィヒ・ウィトゲンシュタイン

分析哲学の歴史そのものであるウィトゲンシュタイン。本書は、実証可能な学問だけを真の知識と考えた「論理実証主義」に多大な影響を与えた

『論理哲学論考』野矢茂樹 訳（岩波文庫）

ウィーン生まれ。『論理哲学論考』によって哲学の問題を最終的に解決したと考え、哲学を捨てて約10年間、小学校の先生や修道院の庭師、姉ストンボロー邸の設計などをしたあと、再び哲学の世界に戻り、ケンブリッジ大学で教鞭をとった。

「すべての問題を解決した」といったん哲学から離れた

哲学の歴史において、思想の内容以前に、人物そのものに興味がわく哲学者が何人かいる。ニーチェもその一人だが、他にはルートヴィヒ・ウィトゲンシュタイン（1889‐1951）もそんな哲学者だ。破天荒な生涯、何度か訪れる劇的な転身は、いかにも天才のイメージをつくりだしている。

晩年に狂気へと陥ったニーチェに対して、もう1つの哲学者らしい生き方を示したウィトゲンシュタインは、神秘的な魅力を醸し出している。しかも、その神秘性は思想そのものにまで及んでいる。

1960年代頃まで、哲学の潮流はマルクス主義、実存主義、分析哲学の3つに分けて理解するのが常道だった。その1つ、分析哲学に決定的な影響を与えたのが、ウィトゲンシュタインである。

分析哲学を考察するとき、一般には前期と後期に分けて理解するが、ウィトゲンシュタインはいずれにも関与している。彼は、いわば**分析哲学の歴史そのもの**と考えることもできるだろう。

まず、前期の分析哲学を形成したのは、1930年代にウィーンで活動していた思想家たちで、その理論は**論理実証主義**と呼ばれている。数学や論理学のような学問と、自然科学のように実証可能な学問だけを真の知識と考え、論理的でも実証的でもない形而上学を批判した。この論理実証主義に多大な影響を与えたのが、ウィトゲンシュタインの初期の著作『論理哲学論考』（1921）である。

本書によって、彼は**「哲学のすべての問題を原理的に解決した」**と考えた。そのため、いったん哲学から身を引き、建築の設計や小学校の教師など、他の仕事に携わるようになった。ところが、その後、前期の思想に対する自己批判が芽生え、「再び哲学に従事する」ようになったのだ。こうして、後期の『**哲学探究**』に結実する思想が形成されていくが、それに伴って分析哲学も新たな方向へ転換し、**日常言語学派**と呼ばれる潮流がわき起こってきた。

言語が世界を写す像である（写像理論）

「太郎は花子を愛している」
という**文**

〈太郎が花子を愛している〉
という**事実**

「文」と「事実」は1対1で対応している

➡「哲学者の掲げる形而上学的な問いや命題は無意味」と批判

言語は世界を写す像「写像理論」

前期ウィトゲンシュタインの主著『論理哲学論考』とは、どんな本だろうか。驚くべきは、そのスタイルと分量である。翻訳で読んでも、**100ページ程度しかなく、しかもほとんどが箇条書きの文章**である。

また、それぞれの文には番号が振ってあり、その上、番号が組織化されている。まるで、数学の証明のようなスタイルで書かれている。

このようなスタイルで、ウィトゲンシュタインが展開しているのは、「**写像理論**」という考えである。これは、「言語が世界を写す像である」と見なす考え方だ。一方に言語があり、他方に世界がある。ウィトゲンシュタインによれば、言語は文（「命題」）から構成され、文は単語（「名」）にまで分解できる。これに対して、**世界は事実（「事態」）から構成され、これは「対象」にまで分解できる**。

具体的に考えると、「太郎は花子を愛している」という文は、世界で〈太郎が花子を愛している〉という事実の像なのである。

この考えのポイントは、言語を扱う場合、ソシュール言語学のように単語を基本にするわけではなく、あくまでも文や事実を単位とすることである。**「モノ（物）」ではなく「コト（事）」を出発点とする**のだ。

形而上学的な哲学思想を批判

では、このようなスタンスをとる『論理哲学論考』は、哲学の問題に対して何を語ることができるのだろうか。

ウィトゲンシュタインは、次のように語っている。

「4・003　哲学的な事柄についてこれまで書かれてきた命題や問いのほとんどは、誤っているのではなく、無意味（ナンセンス）なのである。したがって、われわれはこの種の問いにおよそ答えを与えることはできず、ただその無意味さを確認することしかできない。哲学者の掲げるたいていの問いや命題は、われわれが自分の言語の論理を理解していないことにもとづいている。（中略）そして、最も深遠な問題が、じつはまったく問題ではなかったというのは、驚くべきことではない」

ここからわかるのは、『論理哲学論考』が新しい哲学体系をつくろうとしたわけではないことだ。むしろ、今までの哲学の誤りがどこにあったのか、論理的に明らかにしようとしたのである。こうして、**深淵**（しんえん）**そうに見える形而上学的な哲学思想は、無意味なものとして一挙に批判され、退けられる**ことになった。

ただし、注意すべきは、『論理哲学論考』が想定しているのが、いわば「理想言語」であって、日常的な世界で使われている言語ではないことだ。これが後に、自己批判を引き起こすことになるのだが、ここでは指摘するだけにとどめておく。

ポイント

形而上学的な哲学思想に代表される「哲学の誤り」を論理的にあきらかにした

34『存在と時間』（1927）

マルティン・ハイデガー

今日の現代哲学はハイデガー抜きに語れないが、彼の世界的ベストセラーである本書は難解なことでも知られる。その原因はどこにあるのか？

『存在と時間（一〜四）』熊野純彦 訳（岩波文庫）

ドイツの哲学者。実存主義に強い影響を受け、アリストテレスなどの古代ギリシア哲学の解釈などを通じて独自の存在論哲学を展開。『存在と時間』で伝統的な形而上学の解体を試みた。20世紀大陸哲学の潮流における最も重要な哲学者の一人。

哲学とは切り離せない「ナチスへの加担」

20世紀最大の哲学者の一人と言われるマルティン・ハイデガー（1889‐1976）は、個人的な経歴を見ると、まったく印象が変わってくる。たとえば、彼の女性遍歴は有名だ。哲学者のハンナ・アーレントが彼の学生だったとき、2人は不倫関係にあった。また、ハイデガーには生涯にわたって愛人がたえず、アーレント以外にも10人以上の愛人がいたとされる。

政治的な活動も、ハイデガーに汚点を残している。ナチスが台頭すると、彼はフライブルク大学の総長となって、ナチスへの加担を強めていく。総長演説として残っている「ドイツ大学の自己主張」は、ナチス的な色彩の強い内容となっている。

以前は、ハイデガーのナチ加担と、彼の哲学を分けて理解するのが普通だった。しかし、さまざまな資料が出てくると、**「ハイデガーとナチズム」の関係は、たんなるエピソード的なものではなく、ハイデガー哲学の根幹をなしている**と考えられるようになった。

だが、個人的な生活ではなく、ハイデガー哲学の影響力にスポットライトを当てると、その範囲が広大であることがわかる。実存主義や現象学は言うまでもないが、フランスの構造主義やポスト構造主義、さらに英語圏の分析哲学や最近の実在論にまで、ハイデガー哲学は影響を及ぼしている。現代哲学の状況を俯瞰（ふかん）するとき、ハイデガー抜きに考えることはできない。

「存在の意味」の解明

1927年に出版された『存在と時間』は、出版されるや否や電光石火のごとくドイツ中に広がり、世界的にもハイデガーの名前を知らしめることになった。しかし、実際に読んでみると、ハイデガー特有の用語が多用され、その意図を容易に理解することができない。このギャップは大きい。そもそも、『存在と時間』は何をねらった書物なのだろうか。

ハイデガーによれば、**「存在の意味への問い」を新たに設定し、存在問題を解明すること**が本書の意図である。注意すべきは、「存在の意味」といっても、「存在とは何を意味するのか」が問われているわけではない、ということだ。

アリストテレス以来、たえず次の問いが提起されてきた。

「存在はさまざまに語られる」（存在の多義性）にもかかわらず、それらが同じ「存在」について語られる（存在の統一性）のはいかにして可能なのか？

そこで、こうした多様に語られる「存在」の統一性について、ハイデガーは**「存在の意味」**と呼んでいる。

ハイデガーの独創性は、**「存在の意味」を解明する際に、「現存在」（人間のこと）の存在了解にもとづいて解明しようとした**ことである。ところが、人間の存在了解は、根本的に時間的なあり方を示している。そこでハイデガーは、『存在と時間』の目標を次のように語るのだ。

「『存在』の意味への問いを具体的に仕上げることが、『存在と時間』の意図である。あらゆる存在了解一般を可能にする地平として時間を解釈することが、本書の目標である」

出版されたのは構想の半分だけだった

具体的に『存在と時間』の展開を確認してみよう。

まず序論で、「存在の意味への問い」が、哲学史的にいかに重要な問題であるかを説明し、その解明に着手することを力説している。この序論は、ハイデガーの意図をきわめて明確に語っているが、哲学史の知識のない読者には、ややハードルが高い。

『存在と時間』全体の構想を考えるとき、公刊された『存在と時間』が最初の構想の半分にすぎず、「前半」とされていたことに注意しなくてはならない。しかも、予定されていた後半は結局出版されず、「前半」という但し書きも削除されてしまった。そのため、公刊されている『存在と時間』は、**あくまでも途中までで、目標とした「存在の意味への問い」まで到達していないのだ。**

ハイデガーが実際に行なったのは、第1部第1篇の「現存在の日常的分析」と、第2篇の「本来的な現存在の分析」までである。ここまでであきらかになるのは、現存在の時間的なあり方であり、「存在一般の意味」は手つかずのままである。それに対して、「存在の意味」を分析するのは、第3篇と第2部であった。その結果、公刊された『存在と時間』では、最初の目標である「存在の意味への問い」には何も答えることなく、「現存在」の分析のみが行なわれている。

こうした事情から、**『存在と時間』は、かつて公刊された「現存在の分析」にのみ焦点が当てられ、実存哲学の書として受け取られた**のである。ところが、ハイデガーの本来の意図は、多様に語られる「存在」の意味について、いかにして統一的に理解できるかを模索することだったのである。

ポイント

「存在の意味への問い」への答えはなく、「現存在の分析」のみが出版された

35『存在と無』（1943）

ジャン・ポール・サルトル

その一挙手一投足が世界の注目を集めたサルトルが、現象学的な立場から存在の問題に立ち向かった本書は、世界的な「実存主義ブーム」を巻き起こした

『存在と無（Ⅰ〜Ⅲ）』松浪信三郎 訳（ちくま学芸文庫）

パリ生まれ。1930年代から現象学を研究し、『存在と無』を発表。戦後教壇を去り、「実存主義はヒューマニズムである」と題する講演で実存主義ブームを巻き起こす。在野の知識人として幅広い執筆活動を行ない、1964年ノーベル文学賞を辞退した。

ボーヴォワールとの「契約結婚」

第二次世界大戦以後、世界において最も華々しく活動した哲学者といえば、おそらくフランスのジャン・ポール・サルトル（1905‐1980）以外にはいないだろう。彼は戦後すぐ、『実存主義とは何か』（1946）という講演録を出版して、実存主義の世界的なブームをつくり出し、哲学的著作だけでなく、小説や評論を書いてその宣伝に努めた。

1960年代を迎える頃、サルトルはマルクス主義に接近し、実存主義とマルクス主義の統合を図っている。その結果生まれたのが、**『弁証法的理性批判』**（1960）である。

しかし、その頃フランスでは、実存主義に代わって構造主義が台頭していた。そこでサルトルは、構造主義者のレヴィ＝ストロースと論争したが、社会的にはすでに実存主義の流行が過ぎ去っていた。サルトルはその論争によって過去の人になったのである。

サルトルは、哲学だけでなく、その生き方によって、多くの人に影響を与えた思想家である。たとえば、フランスを代表するフェミニストである**ボーヴォワールとの「契約結婚」というスタイルは、古い結婚制度に縛られた当時の考えに新風をもたらした**。

また、**「アンガージュマン（社会参加）」**という表現で、社会に異議申し立てをする姿は、哲学者のイメージを根本から変えることになった。サルトルにかぎらず、伝統的にフランスの哲学者は社会参加に積極的だったが、サルトルはその活動に哲学的な正当性を与えたのである。

物としての「即自存在」、意識としての「対自存在」

サルトルの主著といえば、戦時中に出版された『存在と無』（１９４３）であるが、タイトルは、ハイデガーの『存在と時間』を彷彿させる。実際、『存在と無』の副題は「現象学的存在論の試み」とされ、**フッサールの現象学やハイデガーの存在論を強く意識**している。

注目したいのは、サルトルがこうした立場から、ヘーゲルの概念を使って著作を構成していることである。

そこで、サルトルが援用するヘーゲルの概念を取り出し、簡単に説明を加えておきたい。その概念とは、**「即自存在」「対自存在」「対他存在」**である。注意しておきたいのは、同じ概念であってもサルトルとヘーゲルでは意味が少し違っていることだ。

サルトルの場合、**「即自存在」**というのは、物のようなあり方であり、その内部に亀裂を含まず、それ自体にぴったりと重なっている状態だ。サルトルは、即自存在には否定作用がなく、それ自体にとどまるものと考えている。

これに対して、人間の意識は志向性（～に対する意識）をもち、つねに自己超出的である。つまり、自分自身の外に出ているのが、**「対自存在」**としての意識のあり方である。サルトルによると、意識は「～でない」という形で常に否定性をもっており、あらゆる所与から身を引き離し、いつも新たに自由を得ようとする。

「対自存在」というのは、自己に対して距離をとって向かい合うことができるあり方である。サルトルはそれを、人間のあり方と考えている。

こうしてサルトルは、物としての「即自存在」と意識としての「対自存在」を対比し、その関わり合いを詳細に描いていく。表題の『存在と無』は、ここに由来している。

他人の視線を意識した「対他存在」

しかし、意識と物との関係だけでなく、他の人間とのかかわりも重要であろう。そこで、**「対他存在」**が考察されることになる。

サルトルによる「存在」の概念

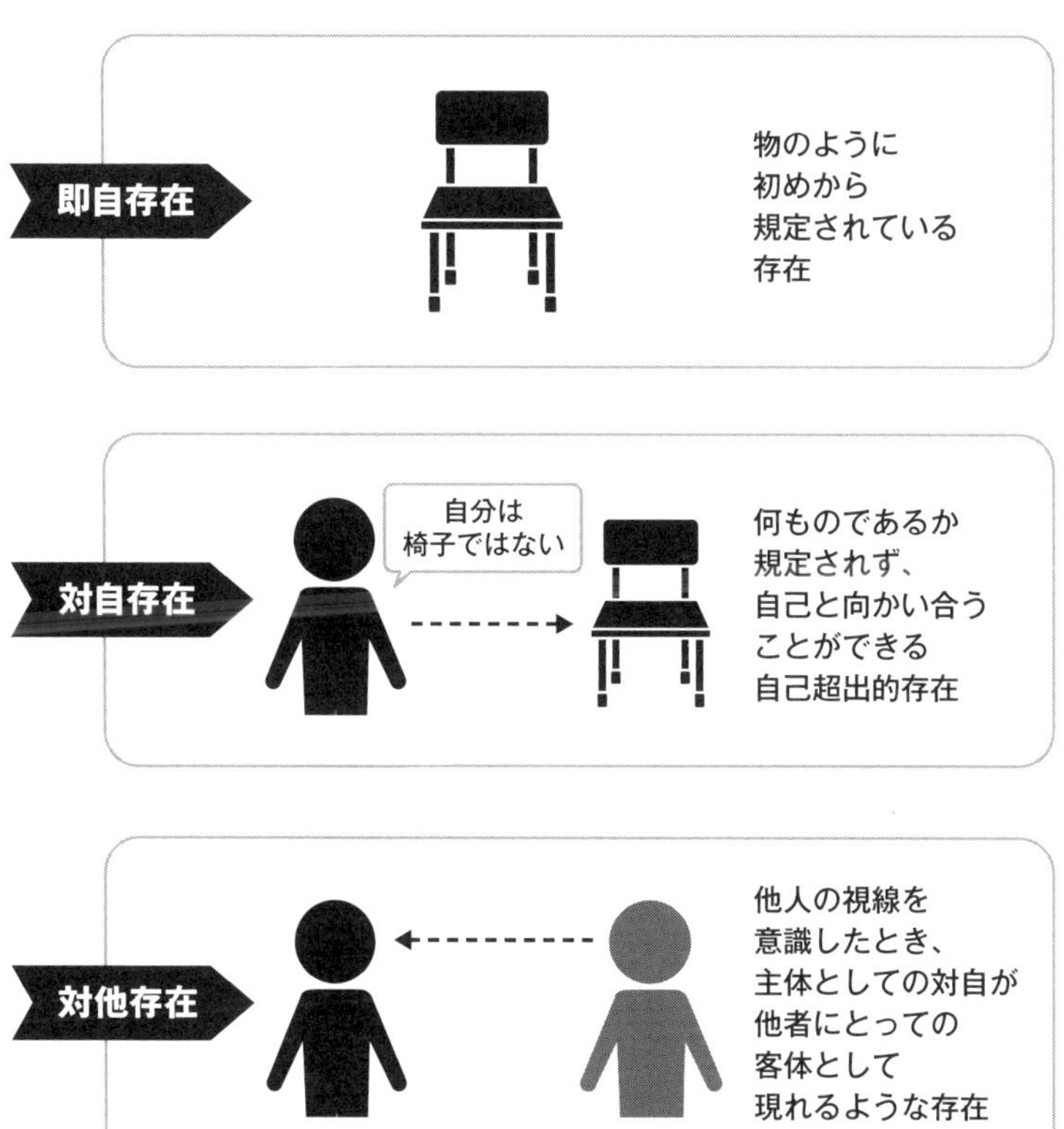

人間（意識）が他人に対して存在するのは、物に対して存在するときや、自分に対して存在するときとは違っている。

たとえば、他人の視線を意識したとき、まったく独自のあり方をするのではないか。こうして、サルトルは「対他存在」の具体的なあり方を詳細に分析していく。

サルトルの基本的な意図は、意識（対自存在）の立場から、世界をくまなく明晰に分析しつくすことにある。そのため、サルトルはフロイトのような「無意識」を認めない。**意識は、たとえ非反省的であっても、必ず自己自身を意識**している。サルトルによると、オーストリアの精神科医フロイトが「無意識」と見なしたものは、「自己欺瞞（ぎまん）」にほかならず、自分自身で自らを欺いている、ということになる。

こうした意識の明証性に立脚するサルトルの見解は、その後、構造主義によって批判にさらされることになる。

ポイント

「即自存在」「対自存在」「対他存在」という概念から人間存在の細密な分析を行なった

36『人間の条件』（1958）

ハンナ・アーレント

『人間の条件』志水速雄 訳（ちくま学芸文庫）

アーレントを描いた映画が公開されるなど、現在その思想への関心が高まっている。彼女は本書を通じて「そもそも人間とは何か」をあきらかにした

ドイツのユダヤ人家庭に生まれる。ハイデガーとヤスパースに師事。1933年、ナチスの迫害を逃れてフランスへ、1941年にはアメリカに亡命。20世紀の全体主義を生み出した現代大衆社会の病理と対決することを生涯の課題とした。

ハイデガーとの秘められた恋

ハンナ・アーレント（1906-1975）はドイツ系のユダヤ人であり、大学時代には、ハイデガーやフッサール、ヤスパースといった、錚々（そうそう）たる哲学者のもとで学んでいる。とくに、**ハイデガーとの不倫関係は有名で、天才的な哲学者と若き女学生との秘められた恋として語り草になっている**。

彼女は、ドイツでナチスが台頭してきたため、フランスに亡命したが、ナチスのパリ侵攻によって一度は捕えられ、収容所に送られる。しかし、そこから脱出して、アメリカに亡命することになった。1941年のことである。

戦後になって、彼女はアメリカの市民権を獲得し、その地で執筆活動を行なった。アーレントの作品は、1960年代に左翼運動との関連で読まれたが、**1990年代になって「アーレント・ルネサンス」が起こり、現在アーレント思想への関心が高まっている**。

アーレントが世界的に注目されるようになったのは、1951年に発表した『**全体主義の起源**』である。彼女の体験からしても、「全体主義」への関心は並々ならぬものがあり、それを人類全体の問題として解明したのである。アーレントの基本的な観点は、ナチスの人間は特別なわけではなく、**誰もが全体主義に走り得る**、というものだ。

こうなると、「そもそも人間とは何か」があらためて問題となるだろう。それを主題的に探究したのが、『人間の条件』(1958)である。

人間の「本性・本質」ではなく、「条件」である理由

最初に、タイトルについて考えておこう。まず、アーレントは、「人間とは何か」を問題にするとき、どうして人間の「本性ないし本質」ではなく、人間の「条件」を解明したのだろうか。人間の「条件」を探究する理由は何だろうか。

アーレントによると、**人間は「条件づけられた存在」であって、その条件を度外視して永遠的な本性や本質を問題にすることはできない**。そのため、アーレントは人間の本性ではなく、人間の条件にターゲットを絞ることになる。

ここで想定されているのは、「条件」が他のものとの関係によって成り立つのに対して、「本性や本質」がそうした関係から切り離しても理解できることである。人間は、何かによって条件づけられているのだから、人間を条件づけるものが何であるかを問わなくてはならない。それを考えるために、アーレントは古代ギリシア思想にまでさかのぼって議論している。その端的な表現が、『人間の条件』のドイツ語版のタイトル**「活動的生（Vita activa）」**だ。この語は、アリストテレスの「政治的生（bios politikos）」の「中世哲学における標準訳語」となったものである。

ここからわかるのは、アーレントがアリストテレスの概念にもとづきながら『人間の条件』を構想していることだ。この点で、**アーレントは若き頃の師ハイデガーに、忠実に従っている。**

人間の条件——「労働」「仕事」「活動」

このように、アリストテレスの「政治的生」の概念をモデルにして、アーレントは「人間の条件」として**「労働」「仕事」「活動」**の3つを取り出す。その後で、彼女はそれぞれについて歴史的変化を詳細に跡づけていく。一見したところ、3つの概念はどれも似たように思われるが、そもそもどこが違うのだろうか。

まず「労働」は、「人間の肉体の生物学的過程に対応する活動力」とされ、いわば「額に汗し

3つの「人間の条件」

ギリシア時代 → 現代

活動
他の人に直接働きかける

芸術作品をつくる

額に汗して働く

➡近代以降「労働」が優位に立ち、
「仕事」や「活動」が人間的な意味を失っていく

て働く」と表現できるかもしれない。

次に「仕事」は、「すべての自然環境と異なる物の『人工的』世界をつくり出す」ことであって、たとえば芸術作品をつくることをイメージすればいい。

最後の「活動」は、「物あるいは事柄の介入なしに直接人と人との間で行なわれる唯一の活動力」と表現されているが、「労働」や「仕事」のように何かをつくり出すのではなく、政治のように他の人々に直接働きかける活動を指している。

これら3つを分析するとき、アーレントを基本的に導いているのは、次のような見方である。古代ギリシアのポリスでは「活動」を基本にする生き方が実現されていたが、歴史の展開とともに「仕事」に取って代わられ、さらに現代では「労働」が価値の中心に置かれるようになった。つまり、歴史的に並べると、「活動」↓「仕事」↓「労働」へと重心が移っていったのだ。

近代以降「労働」が優位に立って、「仕事」や「活動」が人間的な意味を失っていく、という見方である。

こうした歴史に対して、アーレントは**「活動」の意義をあらためて確認し、それを取り戻すことを希求している**。

しかし、『人間の条件』では、そうした願望をどう実現するかが書かれる余地はなく、むしろ歴史的な変化として「活動」の喪失がもっぱら記述されている。この記述から、文章にされなかった構想を読みとることが重要な課題となるだろう。

ポイント

人間の3条件は、時代とともに「活動」↓「仕事」↓「労働」へと重心が移っていった

37『見えるものと見えないもの』（1964）

モーリス・メルロー＝ポンティ

『見えるものと見えないもの——付・研究ノート』滝浦静雄他 訳（みすず書房）

サルトルの陰に隠れがちだったメルロー＝ポンティは、独自の哲学と行動が注目されるようになったが、本書が遺稿となってしまった

フランスの哲学者。主に現象学の発展に尽くし、第二次大戦直後の実存主義と1960年代に始まる構造主義とをつなぐ役割を果たした。1952年、当時としては異例の若さでコレージュ・ド・フランス教授に就任。著書に『行動の構造』『知覚の現象学』など。

マルクス主義に幻滅し、サルトルと決別

サルトルより少し若いが、ほぼ同時代に活躍したフランスの哲学者モーリス・メルロー＝ポンティ（1908‐1961）は、サルトルの主宰する『現代（レ・タン・モデルン）』誌にも参加し、良き協力者のように見えた。しかし、2人の思想的ベクトルは微妙に異なっている。

サルトルもメルロー＝ポンティも、ともにフッサールの現象学から出発するが、彼らのフッサール理解は大きく異なっている。

サルトルが依拠したのは、『イデーン』（158ページ参照）を中心とした中期のフッサール哲学であり、意識の能動性や自由に関心が注がれている。それに対して、メルロー＝ポンティが注目したのは、**フッサールの後期思想であり、意識の受動性や身体を分析のテーマにした。**

また、マルクス主義に対する態度も、サルトルと好対照をなしている。戦後すぐ、サルトルがマルクス主義と対立し、厳しく批判していたのとは違って、メルロー＝ポンティはマルクス主義に一定の理解を示していた。ところが、その後サルトルがマルクス主義に接近するようになると、メルロー＝ポンティはむしろマルクス主義と距離をとるようになる。

1960年を迎える頃には、サルトルとメルロー＝ポンティの間には、大きな距離が生まれていた。それまでメルロー＝ポンティはサルトルの陰に隠れて、あまり目立った活動をしていなかったが、彼の独自の哲学と行動が注目されるようになったのである。

ところが、残念なことに本格的な哲学が展開され始めた矢先、突然の死を迎えることになった。その頃、執筆中であったのが、遺稿である『見えるものと見えないもの』（1964）である。

フッサールの後期思想に注目

メルロー＝ポンティの『見えるものと見えないもの』を理解するには、それ以前の主著『**知覚の現象学**』（1945）を見ておく必要がある。本書でメルロー＝ポンティは、当時あまり知られていなかったフッサールの後期思想を取り上げ、自分の思想へとつなげたのである。フッサールの現象学といえば、サルトルが依拠したような中期思想が一般によく知られていて、志向性を中心とした意識の能動性が現象学の中核だと見なされていた。

ところが、メルロー＝ポンティは、**後期フッサールの「生活世界（Lebenswelt）」という概念を、「生きられた世界（le monde vécu）」とフランス語で表現し、これが科学によって構成された世界よりも根源的である**、と考えた。こうした根源的世界に対応するのが、ハイデガーの**「世界内存在（In-der-Welt-sein）」**である。それについて彼は、受動的な主体と見なして、「être au monde（世界へと［投げ出された］存在）」と表現している。

こうして、「世界内存在」――「生きられた世界」の関係にもとづいて、知覚的な世界が分析されるのだが、その際メルロー＝ポンティは「身体」に着目して解明を進めている。

ハイデガーに依拠して構想された「肉の存在論」

このような『知覚の現象学』の議論だけでも、メルロー＝ポンティの思想はサルトルとは違う独自性があった。しかし、遺稿として残された『見えるものと見えないもの』には、その考えをより先へと展開する意図が明確に現われている。

以前は身体に着目して、受動的な主体による生きられた世界が描かれた。ところが、遺稿では、**「身体」は「肉（chair）」という言葉で表現され、「世界内存在」よりも「存在」が重要なテーマとして浮かび上がってくる。**

こうした変化は、おそらくハイデガーの後期思想に対応する形で構想されたものであろう。ハイデガーは『存在と時間』（178ページ参照）を出版するとき、その基本概念として「世界内存在」を打ち出した。ところが、この構想は著作の中では完成されず、ハイデガーは後に「存在の思想」を積極的に語るようになる。つまり、「世界内存在」に依拠した『存在と時間』の構想は、変更されたのである。

そこで、ハイデガーの「世界内存在」に依拠したメルロー＝ポンティの初期の構想も、変更を余儀なくされたのだろう。メルロー＝ポンティは次のように語っている。

「『知覚の現象学』で立てられた諸問題が解決不可能なのは、そこでは私が『意識』―『客観』の区別から出発しているからである」

こうして、メルロー＝ポンティは、『見えるものと見えないもの』の執筆にとりかかったのである。そのため、彼は「……がある（es gibt）」というハイデガーの表現をフランス語（il y a……）にして、「肉の存在論」を構想することになるが、『見えるものと見えないもの』は遺稿となり、完成されることはなかった。

ポイント

遺稿では、それまでの「世界内存在」に代わって「存在」が重要テーマと位置付けられた

38『正義論』（1971）

ジョン・ロールズ

本書は現代に続く「リベラリズム」論争の口火を切ると同時に、哲学の中心地がフランスやドイツからアメリカに移るきっかけとなった

『正義論』川本隆史他 訳（紀伊國屋書店）

アメリカの政治哲学者。1950年にプリンストン大学で学位を取得。ハーバード大学で政治哲学・社会哲学を教えた。『正義論』において、基本的自由と社会的公正にもとづく正義の新しい概念を提唱し、以後の政治思想に大きな影響を与えた。

社会民主主義としての「リベラリズム」

現代の政治哲学を考えるとき、リベラリズムをめぐる論争はきわめて重要な意義をもっている。その口火を切ったのが、ジョン・ロールズ（1921‐2002）によって1971年に公刊された『正議論』である。これによって、長いあいだ低迷していたアメリカの政治哲学は、活況を呈するようになった。それまで哲学といえば、フランスやドイツが中心となってきたが、ロールズ以後、その流行がアメリカに移ってきた。

ロールズが提唱したのは、「リベラリズム」であるが、この言葉には注意が必要だ。そのまま訳すと「自由主義」となるが、アメリカでは、「リベラリズム」は「自由主義」のイメージとは程遠い。伝統的に、**弱者を救済して福祉政策をとる社会民主主義の立場が「リベラリズム」と**

呼ばれており、ロールズの「リベラリズム」もこの伝統に従っている。

そのため、ロールズとは違って、個々人の自由を積極的に主張したロバート・ノージックは、「リベラリズム」と区別して**「リバタリアニズム（自由尊重主義）」**を提唱した。彼の代表的な著作が、『アナーキー・国家・ユートピア』（１９７４）である。１９７０年代は、リベラリズムとリバタリアニズムの論争が、華々しく展開された。

その後、１９８０年代になると、リベラリズムやリバタリアニズムを全体として「個人主義」と見なし、国家やコミュニティーといった共同体の立場を強調する**「コミュニタリアニズム（共同体主義）」**が強く主張されるようになる。ＮＨＫ『白熱教室』で日本でも有名になったアメリカの哲学者マイケル・サンデルも、コミュニタリアニズムの提唱者の一人である。

こうして見ると、20世紀後半のアメリカの政治理論は、ロールズの『正議論』を起点として展開されてきたのがわかるだろう。

公共的な正義を実現する「無知のベール」

『正議論』を展開するにあたって、ロールズはまず、**「多様性の事実」**と呼ばれる状況から始める。人々の生き方が多様であり、個々人がそれぞれ異なる「善き生」の構想をもつことだ。宗教的信念や道徳的見解もさまざまで、ときには対立することもある。**こうした個々人の「善」**

の多様性を前提としながら、どのようにして「公正な社会」を形づくるのか、つまり公共的な「正義」を実現するのか。これが、「リベラリズム」の根本的な問題である。この点では、ロールズの「リベラリズム」も、やはり「自由主義」なのだ。

公共的な正義を実現するため、ロールズが提起したのは、**「無知のベール」**という有名な思考実験である。これは、自分や他人についての個人的な情報に目隠しをすることだ。

たとえば、自分が社会でどんな地位か、資産や能力はどうか、といった情報を無視するのである。というのも、個人的情報を考慮すれば、個人はそれに応じた有利な選択をするからだ。こうした情報をいっさい考慮せず、どう行動するのが合理的か。ここからロールズは、2つの原理を導き出した。

1つめは、**「基本的な自由」に関する原理**であり、「自由があらゆる人に平等に分配されなければならない」と宣言する。ロールズがリベラリズムに立つかぎり、この原理は外せないだろう。

しかし、ロールズのリベラリズムの特徴をよく示すのは、2つめの**「格差原理」**と呼ばれるものだ。経済的に不平等な社会で、弱者にとって有利になるように命じるもので、不平等の是正を目ざしている。

こうしてロールズは、アメリカのリベラリズムの伝統を受け継ぎながら、その理論を原理的な場面から新たにつくり直したのである。

思想転換を宣言した『政治的リベラリズム』

『正議論』を出版した後、作品に対する賞賛も多かったが、批判も少なくなかった。それゆえ、ロールズは『正議論』の表現を機会あるごとに訂正し、理論の修正を行なった。しかし、これが新たな問題としてロールズに降りかかる。**ロールズ思想の転換に関わる問題**である。

その転換を表明しているのが、1993年に出版された『政治的リベラリズム』である。ロールズは、『正議論』では普遍主義的な観点から演繹的に論証しようとしたが、『政治的リベラリズム』では歴史的な文脈主義を打ち出している。その表現が、**「重なり合う合意」**という概念である。ロールズは後期になって、人々の多様な善の構想から出発しながら、どうしたら合意形成が達成されるかを解明している。

『正議論』のロールズと『政治的リベラリズム』のロールズの関係については、さまざまな解釈が提出されている。これは、ロールズだけの問題ではなく、リベラリズムを考える人にとっても重大な問題だと言ってよいだろう。

ポイント

リベラリズムの根本問題は、個人の多様性を前提としながら「公正な社会」を実現すること

39『狂気の歴史』（1961）

ミシェル・フーコー

「構造主義」↓「ポスト構造主義」↓「自己離脱」と思考スタイルを変えていったフーコー。そんな彼の原点が、構造主義の思想として注目を浴びた名著

『狂気の歴史』田村俶 訳（新潮社）

フランスの哲学者。『言葉と物』は当時流行していた構造主義の書として読まれ、構造主義の旗手とされた。その後、構造主義を厳しく批判し、ポスト構造主義者に分類される。1984年エイズにより没。著書に『監獄の誕生』『性の歴史』など。

軽やかに自らの思想を転換した稀有な哲学者

フランスの現代思想家の中で、ミシェル・フーコー（1926－1984）ほど、自分の思考スタイルを変えた人物はまれである。

フランスで構造主義が流行していたとき、その中心メンバーと目されたが、その流行に陰りが見られると、いち早く「構造主義」から距離をとった。今度は「ポスト構造主義」の陣営と見なされたのだ。

1976年に「性の歴史」の第1巻として公刊された『**知への意志**』は、世界的にも成功を収め、ポスト構造主義的な「権力論」の代表作とされた。ところが、その8年後、晩年になって第2巻を出すとき、**「いつもの思索とは異なる仕方で思索すること」を表明して、再び「自分**

自身からの離脱」を図ったのだ。こうして、フーコーは人生の決定的な局面で、自らの思想を軽やかに変えていったのである。

また、思想の変遷に応じて、取り扱ったテーマも多様である。初期には狂気や臨床医学、中期になると言葉や知識、後年では監獄や性といった問題が論じられる。一見すると、多様なテーマには関連性はなく、そのつどの関心に応じて議論されたように感じられる。

ところが、考察している時代に注目すると、**ほぼ共通して「近代」である**のがわかるだろう。フーコーは、「近代」を見すえて、それがどこへ向かうのかを追究したのである。

「構造主義」の流行とともに注目を浴びる

したがって、フーコー哲学を理解するには、固定的に考えることはできず、いかなる立場の思想なのか、どのテーマを取り扱ったのか、臨機応変に考えなくてはならない。

こうした自己離脱する思想家の出発点になったのが、1961年に発表された『狂気の歴史』である。

本書はもともと、博士論文として作成されたが、一般的には構造主義的著作として、構造主義の流行とともに注目されることになった。『狂気の歴史』は、どの点で構造主義と見なされたのだろうか。

『狂気の歴史』の原著は、タイトルが「古典主義時代における狂気の歴史」となっていた。古典主義時代というのは17〜18世紀を指すが、フーコーはそれ以降を「近代」と呼んでいる。そこで、フーコーの時代区分を定式化すれば、**「中世→ルネサンス期→古典主義時代→近代」**となる。この時代区分に沿って、フーコーは「狂気の歴史」を描いていく。

「狂気」に対する寛容と除外

まず、古典主義時代以前、すなわち中世やルネサンス期には、社会は狂気に対してきわめて寛容だった。狂人は街中を自由に歩き回ることができた。

ところが、古典主義時代になって状況は一変する。**フーコーが「大いなる閉じ込め」と呼ぶ、排除・監禁の時代が始まる**。狂人は、他の社会的不適合者（肢体不自由の貧困者、乞食、怠け者、性病患者、風俗紊乱者など）といっしょに、隔離収容されることになる。

こうした古典主義時代は、歴史的には「啓蒙の時代」とも呼ばれ、「理性」に対する信頼が厚かった時代である。しかし、フーコーによれば、こうした「理性」の支配は、「非理性」を自らのうちから追放し、それを従属させることによって成立する。**「非理性」は監禁され、沈黙せざるをえなくなる**。

では、古典主義が終わると、狂人の排除は終わるのだろうか。たしかに、18世紀末にフランス革命が起こって、狂人たちは他の監禁された者たちとともに解放されたかのように見えた。しかし実際には、狂人だけが施設に監禁収容されるようになったのである。これに伴って、**狂気は人間の内なる精神の「病」とされ、それを対象とする「心理学」が生み出される**。こうして、古典主義時代の後、近代になると狂気は精神の病として、心理学によって取り扱われる対象となっていく。

フーコーは、**狂気をそれだけで理解するのではなく、社会全体のレベルで、除外と包含の関係において捉えた**のである。そのため、『狂気の歴史』は一般に「構造論的歴史」として受け取られ、フーコーを構造主義の流行の中心へと赴かせることになった。

ポイント

時代により「狂気」がどう扱われていたかを社会全体のレベルで捉えた

40『エクリチュールと差異』(1967)

ジャック・デリダ

『エクリチュールと差異』合田正人・谷口博史 訳(法政大学出版局)

構造主義の権威レヴィ=ストロースを批判して注目を浴びた無名の哲学者。そのデリダが提唱した思想が、対立構造そのものを克服する「脱構築」である

アルジェリア生まれのユダヤ系哲学者。西洋形而上学におけるロゴス中心主義の脱構築を提唱し、構造主義以降の人文社会科学の広範な領域(文学・芸術理論、言語論、政治・法哲学、歴史学、建築論ほか)に多大な影響をもたらした。

構造主義の批判者

1966年、フランスで構造主義がピークを迎えようとしていた頃、アメリカの大学で構造主義をめぐるシンポジウムが開催された。そのとき、世界的にはまだ無名だったジャック・デリダ(1930-2004)が、構造主義の巨匠であるレヴィ=ストロース批判を行なって、会場に大きな衝撃を与えた。

シンポジウムの1年後、デリダは3つの重要な著作を出版している。『**声と現象**』『**エクリチュールと差異**』『**グラマトロジーについて**』である。それまでデリダは、フッサール現象学の研究者と見なされていたが、これらの著作によって構造主義の批判者として認められるようになった。

デリダの登場とともに、フランスでは「構造主義」から「ポスト構造主義」へとブームが移っていく。ただし、注意しておきたいのは、「ポスト構造主義」という表現そのものは、デリダ本人が使ったわけではなく、アメリカのジャーナリズムで使用されたもので、これが世界的に広がったという点だ。

デリダの哲学を特徴づけるとき、しばしば**「脱構築（déconstruction）」**という概念が使われる。これは、もともとハイデガーが『存在と時間』（178ページ参照）の中で、「存在論的『解体』（Destruktion）」と名づけたものを、仏訳したものだ。

ハイデガーが「解体」と呼んだのは、完全に「無へと葬る」ことではなく、現在支配的になっている伝統の由来を解き明かすことである。デリダも「脱構築」を考えるとき、**現在支配的になっている伝統の由来を明らかにし、その支配を根本的に解体することを意図している。**その際に重要なことは、単純な転覆ではなく、新たな説明が必要になる点である。抽象的な表現ではわかりにくいので、具体的に理解していこう。

支配的な秩序を根本から解体する「脱構築」

1967年に発表した3冊の著作のうち、『エクリチュールと差異』は唯一の論文集である。そのため、本書にはさまざまな哲学者が取り上げられ、デリダ独自の視点から解釈されていく。

その中には、フーコーやレヴィナス、フッサールやフロイト、バタイユやレヴィ＝ストロースなどが登場する。とくにレヴィ＝ストロース論は、前年のアメリカの学会で発表して話題になった論考である。

多彩な思想家たちが議論されているが、一貫しているのはデリダの視点と方法である。それがすでに言及した「脱構築」である。そこで、本書でのテーマを確認しながら、「脱構築」について具体的に説明することにしよう。

フーコーやレヴィ＝ストロースに対するデリダの議論を理解するために、問題の場面を押さえておこう。

フーコーやレヴィ＝ストロースの場合、基本的な対立となっているのは、西洋的な「理性」や「文明」と、そこから排除された「狂気」や「未開」である。近代的な発想では、理性や文明が高位に置かれ、狂気や未開が劣位に置かれる。フーコーやレヴィ＝ストロースは、こうした階層秩序に異を唱え、狂気や未開の復権を図り、その優位性を主張したように見える。

しかし、デリダによると、そうした単純な転倒では、近代的な支配秩序を根本的に批判できず、むしろその支配下に置かれ続けることになる。

そこでデリダは、**単純な転倒ではなく、それらの脱構築を図る**。その方法は、従来の対立構造の根底に、「原（アルシ）〇〇〇」といった次元を考えることである。図解すると次ページ図のようになる。

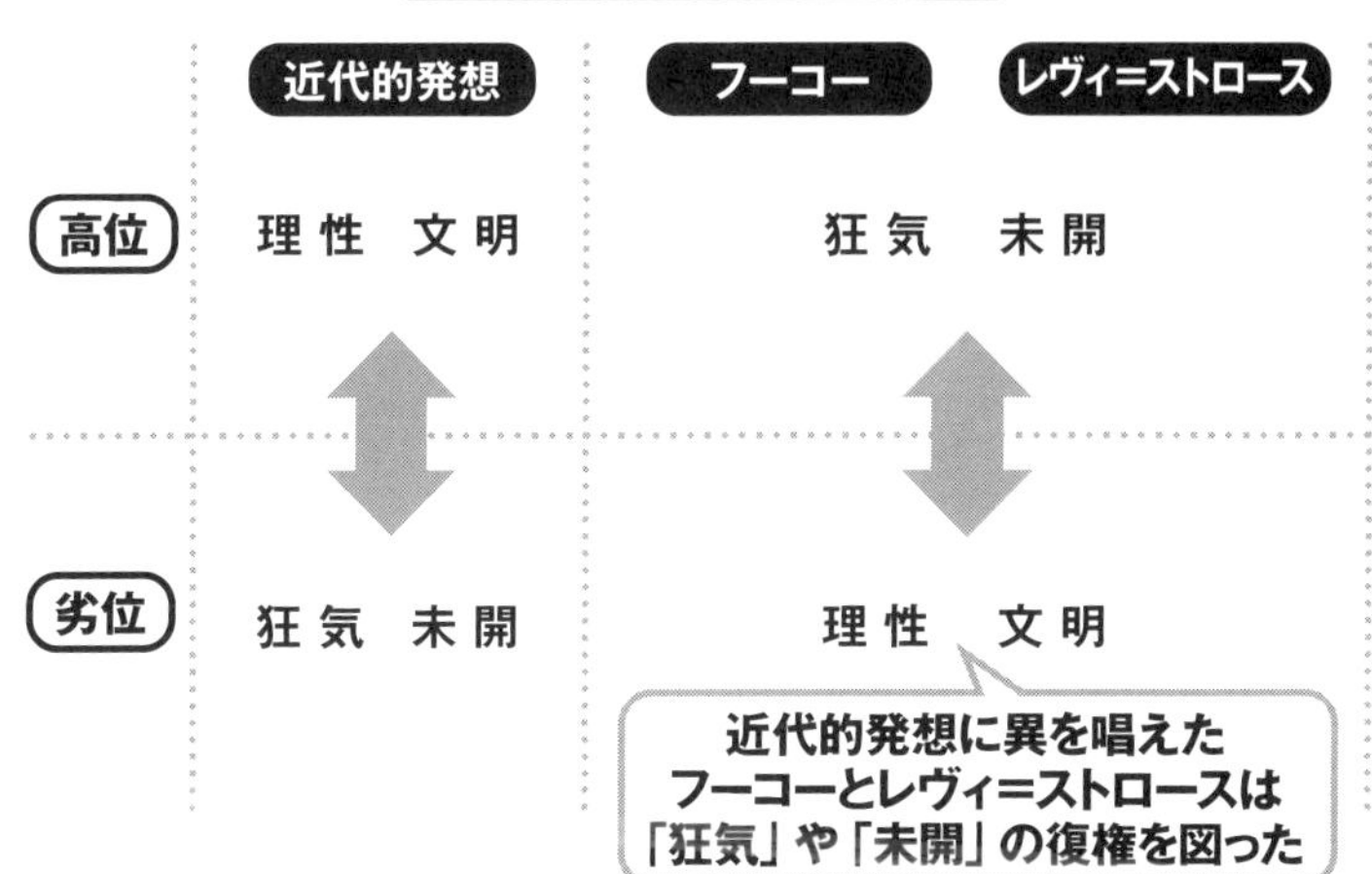
デリダ以前の対立構造
近代的発想
フーコー
レヴィ=ストロース
高位
理性　文明
狂気　未開
劣位
狂気　未開
理性　文明
近代的発想に異を唱えた
フーコーとレヴィ=ストロースは
「狂気」や「未開」の復権を図った

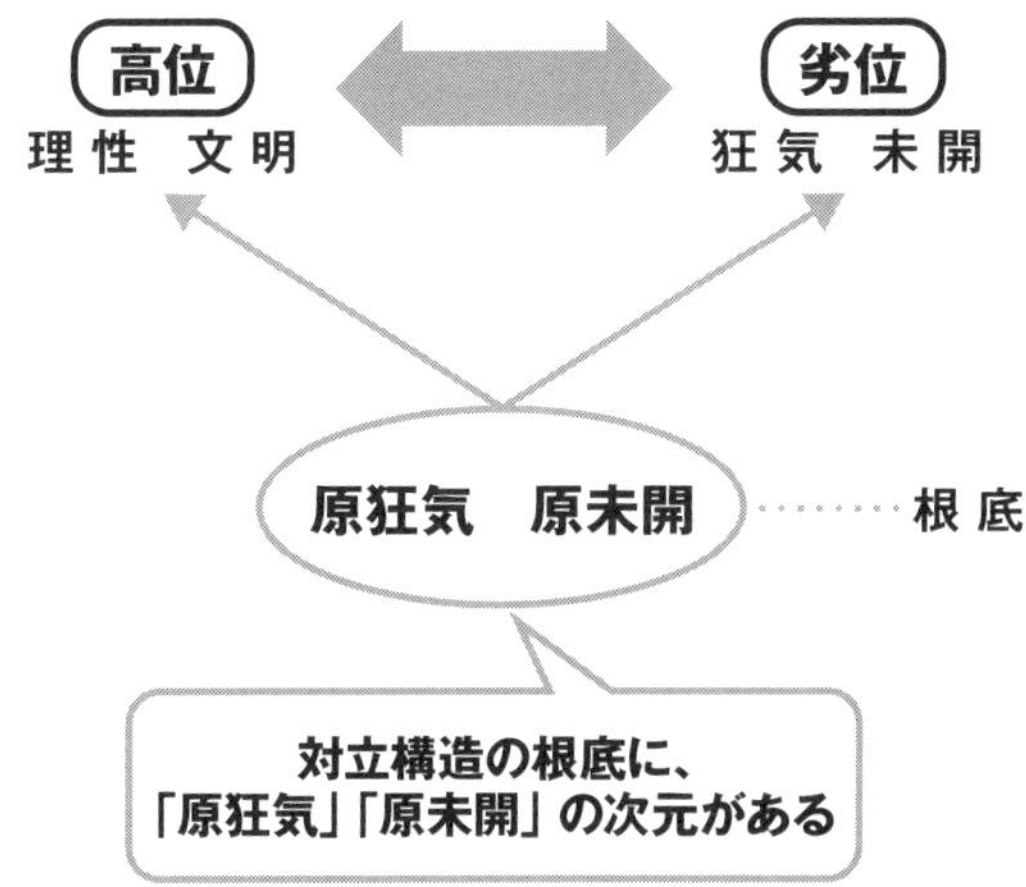
デリダの「脱構築」
高位
理性　文明
劣位
狂気　未開
原狂気　原未開
根底
対立構造の根底に、
「原狂気」「原未開」の次元がある

たとえば、フーコーも語っているように、「理性」は、ある意味では「狂気」じみているし、レヴィ＝ストロースが示したように、未開社会であっても高度な数学によって解明できるような知性を備えている。こうして、従来の階層秩序だけでなく、その単純な転倒をも解体して、その対立構造そのものを克服しようとするのである。

ポイント

「脱構築」は対立構造をひっくり返すのではなく、その根底にある次元を考える

第5章

哲学はどこへ行くのか?

「今と未来」を読み解く名著10冊

41『コミュニケイション的行為の理論』（1981）

ユルゲン・ハーバーマス

『コミュニケイション的行為の理論（上・中・下）』河上倫逸 訳（未来社）

フランクフルト学派の第2世代であるハーバーマスが、第1世代の近代的理性の批判という方向は継承しつつ提唱したのが「コミュニケーション的理性」というモデルである

ドイツ生まれ。フランクフルト社会研究所のアドルノの助手となり、フランクフルト学派第2世代としての歩みを始める。ハイデルベルク大学教授、フランクフルト大学教授などを歴任。社会的・政治的発言を通じてドイツ思想界をリードした。

今、世界で最も名の知れた哲学者

現存する思想家の中で、世界で最も名の知れた哲学者と言えば、ドイツのユルゲン・ハーバーマス（1929-）であろう。世界のどこで講演会を開いても、たくさんの聴衆が集まってくる。理論的な著作を発表するだけでなく、時事問題にも積極的にかかわり、良心的知識人の代表のように見える。

もともとは、アドルノやホルクハイマーによって設立されたフランクフルト学派の第2世代を形成し、ドイツ国内だけでなくフランスやイギリス、アメリカの哲学者とも積極的に交流してきた。おそらく、ハーバーマスを論じるだけで、現代思想全体の見取り図を描くことができるだろう。

彼が論じたテーマは、多岐にわたっているので、その全貌を捉えるのは難しいが、核となる考えは意外とわかりやすい。

第1世代以来、フランクフルト学派の中心的なテーマは、近代をどう理解するかにあった。**「近代的な合理性ないし理性の本質が何であり、それにどうかかわるか」**という問題である。アドルノやホルクハイマーは、『啓蒙の弁証法』において近代的な「啓蒙」を理解するため、ギリシア神話にまでさかのぼって規定した。

彼らによれば、「啓蒙」の本質をなす理性は、他者や自然を支配する道具的理性であり、端的に拒否しなくてはならない。しかし、これを退けた後、何が必要なのかを、アドルノとホルクハイマーは示すことができなかった。そこで、第2世代のハーバーマスは、近代的理性批判という方向は継承しつつ、積極的な方向づけを提唱するのである。それが**「コミュニケーション的理性」**というモデルである。

ハーバーマスによれば、アドルノとホルクハイマーが批判したのは、実際には理性全体ではなく、道具的理性だけである。彼らは理性を道具的理性と等置したのである。ハーバーマスは、理性といっても「道具的理性」だけでなく、「コミュニケーション的理性」もあると考え、これに依拠して近代の可能性を構築しようとする。

ハーバーマスは、アドルノやホルクハイマーのように、近代に対して否定的に関わるだけでなく、むしろ積極的な意義を取り出そうとする。**ポストモダニストのように近代を早々と清算**

するのではなく、「未完のプロジェクト」として近代を継承しなくてはならない、というわけである。

コミュニケーションによるパラダイム転換

こうした視点から、ハーバーマスが自らの理論をまとめ上げたのが、大著『コミュニケイション的行為の理論』（1981）である。それにしても、ハーバーマスはどうして「コミュニケーション」に着目したのだろうか。

それは、**「主体中心的理性から対話的理性へのパラダイム転換」をめざした**からである。ハーバーマスによれば、道具的理性のパラダイムは、「孤独に認識し行為する主体」が客体にどう関わるか、という視点から展開される。それに対して、「コミュニケーション」は「相手を相互に認め合う相互主体的関係のパラダイム」であって、新たな理論が要求される。

この2つを、ハーバーマスは**「成果志向的行為」**と**「了解志向的行為」**の相違として説明する。成果志向的行為とは自分の目的実現のために、自然や物、他の人々を操作支配することである。自然や物に対しては「道具的行為」、他の人々に対しては「戦略的行為」と呼ばれている。それとは違って、他の人々と相互に理解を求めて行動することが「了解志向的行為」と呼ばれている。図で示すと次ページのようになる。

「成果志向的行為」と「了解志向的行為」

行　為	成果志向的	了解志向的
物に対して	道具的行為	
人に対して	戦略的行為	コミュニケーション的行為

➡「了解志向的行為」は他の人々と相互に理解を求めて行動すること

コミュニケーションの2段階

コミュニケーション的行為に依拠して社会をどう変えていくか。それを説明するために、ハーバーマスは、段階に分けて議論している。

1つは、日常生活の中で、とくに意識することなく他の人々とコミュニケーションをする場面だ。このとき、特別な問題が生まれないかぎり、黙々とコミュニケーションが進められる。ところが、いったん問題が発生すると、議論が始まり、その根拠が問われることになる。それをハーバーマスは、「討議」と呼んでいる。したがって、**ハーバーマスは、コミュニケーションを「行為」と「討議」の2段階で考えている。**

こうしたコミュニケーション的行為は、ど

こででも発生する。たとえば、上司が女子社員に「お茶を入れてくれ！」と要求するとき、これがはたして妥当なものか疑念がわくだろう。その場合、上司に対して、「なぜ私がお茶を入れなくてはならないのか」と問い直すことができる。ここから、相互の論拠に対して、討議することができるのである。この討議は、参加者たちの自由かつ平等な条件の下で、執り行なわれなければならない。そうでなければ、「パワハラ」という烙印（らくいん）が押されるかもしれない。

こうした理論は、もしかしたら理想主義的に聞こえるかもしれない。しかし、ハーバーマスの議論を、簡単に否定することはできないだろう。

ポイント

社会を変えるためには、コミュニケーションの「討議」がカギとなる

42『言語論的転回』（1967）

リチャード・ローティ

アメリカのプラグマティズムを復活させ、「ネオ・プラグマティズム」を提唱したローティ。彼の名が世界に轟くこととなった革命的思想が「言語論的転回」である

『言語論的転回』（未邦訳）

1931年生まれ。20世紀英米圏を代表する哲学者。シカゴ大学卒業。1979年、『哲学と自然の鏡』において、ポスト"哲学"的時代の到来を予告して衝撃を与えた。また、政治、経済学、社会学など幅広い分野での発言においても大きな影響力をもった。

「ネオ・プラグマティズム」の提唱者

アメリカでは、20世紀前後にプラグマティズムが確立し、一時期アメリカ固有の思想とまで見なされた。しかし、ヨーロッパの分析哲学者たちがナチスから逃れてアメリカに亡命したことによって、1950年代にはプラグマティズムから分析哲学へと哲学の流れが変わっていた。こうした状況下にあった1970年代の終わり頃、**プラグマティズムを復活させるとともに、その理論を分析哲学の新潮流と結びつけた**のが、リチャード・ローティ（1931‐2007）である。彼の哲学は、以前のプラグマティズムと区別して、**「ネオ・プラグマティズム」**と呼ばれている。

ローティは、多彩な能力をもっていた。歴史的にはギリシア時代から現代までを網羅し、分野としては哲学だけでなく科学・芸術・文学・宗教・政治などにも関心を示し、アメリカだけでなく世界中の思想家たちと論争を巻き起こしてきた。分析哲学の伝統の中で教育を受けたにもかかわらず、ヘーゲルやマルクス、ニーチェやハイデガーにも造詣が深く、フーコーやデリダといったポスト構造主義者とも積極的に対話してきた。

ローティは1979年に『**哲学と自然の鏡**』を発表したが、本書はアメリカ国内だけでなく世界的にもセンセーショナルな反響を呼び起こし、彼の名を一躍広めることになった。その中で、**ローティはデカルトやロックから始まる近代哲学の伝統を「知識論」と呼びながら、それに代わる革命が今日必要である**、と力説している。その革命が**「言語論的転回」**と呼ばれるものである。

では、「言語論的転回」をどう理解したらいいのだろうか。

言語の改革と理解が、哲学的諸問題を解決する

「言語論的転回」という言葉は、ローティが1967年に編集した論集『言語論的転回』の中で使われたものだ。ローティは分析哲学の重要な論文を集め、出版するにあたり、長い序論を書き、それらの意義を「言語論的転回」として特徴づけている。ところが、この言葉はもともと、**グスタヴ・バーグマンによって語られたもので、ローティはその言葉を借用した**のである。

ある。

「言語論的転回」という言葉は、ローティが使うことによって、世界中で広く普及するようになった。しかも、ローティが語った文脈からも離れて、いわば一人歩きするようになったのである。

ローティ自身は、20世紀の始まりとともに成立した分析哲学の特質を示すために、「言語論的転回」と呼んでいる。ところが、その言葉が一般的に使われるようになると、分析哲学だけでなく、**20世紀哲学全体の傾向を指す言葉として語られるようになった**のである。こうした拡張には、注意しておきたい。

ローティの基本的な使い方としては、**「言語を改革することによって、あるいはわれわれが現在使っている言語をいっそう理解することによって、哲学の諸問題は解決ないし解消されうるという見解」**が想定されている。

ローティによれば、プラトンやアリストテレス以来、哲学者たちは「言語の媒介なしに」直接的な形で事柄にアプローチでき、知識を獲得できると見なしてきた。こうした問題設定が、認識論上どうして混乱を生み出すのか、ローティは徹底的にあぶり出したのである。

やや図式的にいえば、分析哲学は当初、「理想言語」をモデルにした論理実証主義によって始められた。しかし、それ以後、「理想言語」モデルの限界が自覚されるようになって、「日常言語」の分析にシフトしていった。このように、理想から日常へという変化があったとしても、**言語の問題が中心であったことは変わらない。**

20世紀哲学における「言語論的転回」

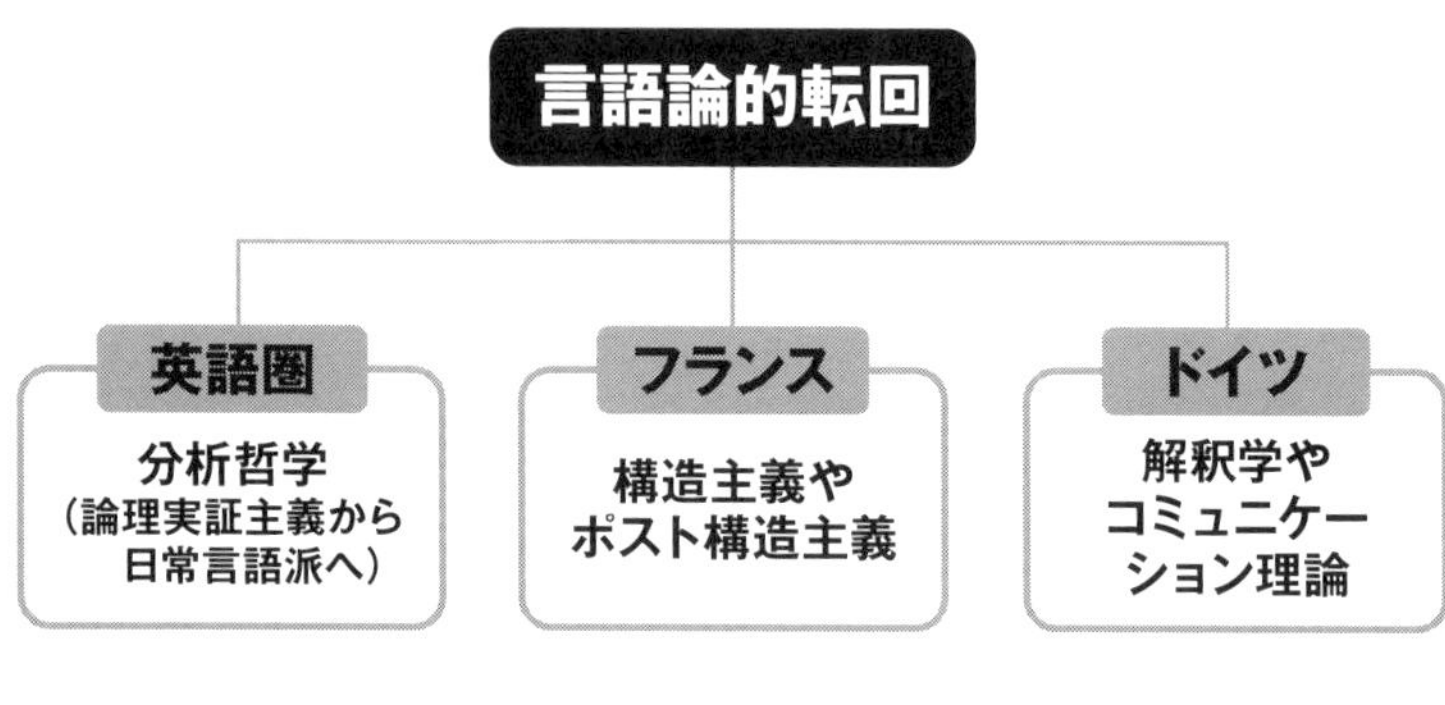

➡デカルト、ロック、カントなどの
知識論に代わる新テーマ

20世紀の哲学的潮流を生む

こうした分析哲学の流れとは別に、20世紀の哲学運動そのものを「言語論的転回」と呼ぶこともある。

こうした使い方は、論集『言語論的転回』からは逸脱しているが、ローティ自身の哲学を見ていると、あながち不適切とも言えないだろう。というのも、ローティは**近代的な「知識論・認識論」的哲学に対して、20世紀の哲学全体を「言語論的転回」の視点で理解している**からだ。

たとえば、フランスでは「構造主義」や「ポスト構造主義」はソシュールやヤコブソンの言語学の影響を受けているし、ドイツで展開されたガダマーの「解釈学」やハーバーマスの「コミュニケーション理論」も、広い意味で「言語論的転回」と表現することができる。**20世紀哲学の主要な潮流は、「言語論的転回」によって引き起こされている。**

ポイント

哲学の諸問題は、言語を改革、あるいはいっそう理解することによって解決できる

43『自我の源泉』（1989）

チャールズ・テイラー

リベラリズムを批判し、「コミュニタリアニズム（共同体主義）」を提唱したテイラーが注目したのは、「自我」や「主体」といった「近代的アイデンティティ」の由来である

『自我の源泉』下川潔他 訳（名古屋大学出版会）

カナダ・モントリオール生まれ。マギル大学で歴史学を、オックスフォード大学で哲学を修め、オックスフォード大学教授などを歴任。1950年代後半にはニュー・レフト第一世代として活躍。コミュニタリアニズムの思想家として知られる。

人間の能力は社会の「承認」によって開花する

アメリカの政治思想をめぐる1970年代の論争は、おもにリベラリズムとリバタリアニズム（自由尊重主義）の間で行なわれた。ところが、**1980年代になると「コミュニタリアニズム（共同体主義）」が登場し、両者を厳しく批判するようになった。**その一人が、チャールズ・テイラー（1931－）だ。

1970年代にヘーゲルの研究書を出版していたテイラーは、ヘーゲルの発想を独自に発展させて、コミュニタリアニズムを提唱するようになった。

テイラーによれば、リバタリアニズムも含めた広義のリベラリズムは、社会的アトミズムを前提している。これは、「人間がただ一人で自足できることを肯定する見解」である。しかし、

テイラーの「承認」概念

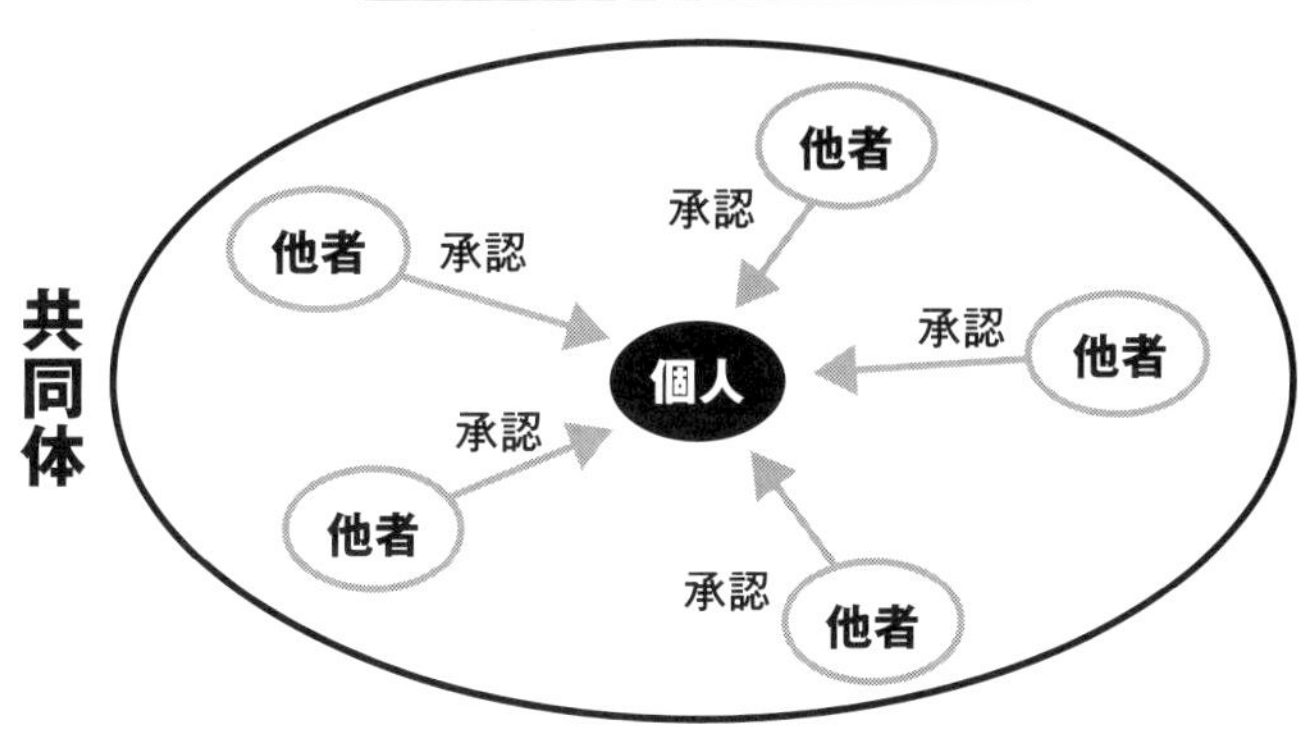

➡個人がアイデンティティや個性を発展させるためには、他者、そして共同体による承認が必要

テイラーは**人間が「社会的動物」であり、人間にふさわしい能力は社会の中でしか開花できない**、と考える。この考えにしたがって、テイラーはヘーゲル譲りの**「承認」概念**を高く評価するのだ。

「承認」概念は、ヘーゲルが『精神現象学』（124ページ参照）において提示したものだが、それをテイラーはミードのプラグマティズムを参照しながら意味を広げ、**個人のアイデンティティは社会的承認によって形成される**、と理解した。個人が自分のアイデンティティや個性を発展させるためには、必ず他者による承認が必要になる。こうした承認を与えるのが、さまざまな共同体である。ところが、近代社会はこうした社会的な絆を断ち切って、個々人をあたかも独立自存するかのように考えた。

さらにテイラーの哲学は、1990年代に**多文化主義（マルチカルチュラリズム）**へと進んでいく。もともと彼は、カナダの思想家であり、多文化主義問題は若い頃から身近にあった。その問題を、「承認」概念を携えて解明したのである。テイラーは、**それぞれの文化的共同体を尊重し、相互の差異を認め合う「承認の政治」**を提唱した。

リベラリズム批判

テイラーは大著『ヘーゲル』（1975）を出版し、ヘーゲル研究者として認められていたが、一般的に彼の名前が知られるようになったのは、1980年代に展開された「**リベラリズム・コミュニタリアニズム」論争**と言ってよい。この論争を踏まえて、テイラーは自分の哲学的な主著として『自我の源泉』（1989）を出版した。したがって、テイラーの哲学的見解を理解するには、本書を読まなくてはならない。

テイラーはリベラリズムを批判するとき、リベラリズムについて個人を社会的連関から切り離す「社会的アトミズム」と規定した。こうした見解が、歴史的にどのように生み出されたのか、詳細にたどっていくのが『自我の源泉』である。そのため、副題は「近代的アイデンティティの形成」となっている。つまり、**「自我」**や**「主体」**といった**「近代的アイデンティティ」がどのように生まれ、近代から現代に至るまで影響を与えているのか**をあきらかにするのがテイラーの課題である。

テイラーによれば、「近代という時代は、偉大さと危うさ、あるいは栄光と悲惨が独特の仕方で組み合わせられることによって特徴づけられる」という。これをあきらかにするため、彼は**「自我についての近代的理解」**に焦点を絞ってアプローチする。本書の中では、近代的アイデンティティの3つの特徴が指摘される。

「近代的アイデンティティ」の3つの特徴

第1は、**「近代人の内面性」**である。これは「自分が内面的な深さをもった存在である、という感覚」と説明される。第2は、**「日常生活の肯定」**である。これは、近代初期から展開してきたものだとされる。第3は、**「自然についての表現主義的考え方」**。これは「自然を内なる道徳的源泉として捉える」ことだと語られる。

注目したいのは、テイラーがこの3つを異なる時代から解明していくことだ。第1はアウグスティヌスから、第2は宗教改革から、第3は18世紀末から、という具合である。

こうした近代的アイデンティティの歴史的展開を跡づけることによって、テイラーは何を示したかったのだろうか。

彼によれば、リベラリズムも含め、「今日支配的である諸々の道徳哲学」が、社会的な文脈から「距離を置いた理性」に立脚して、アイデンティティと「善」の結びつきを不明瞭にしている。そのため、個人の善の選択が、独立自存する原子の自由な行為のように見えるのだ。しかし、近代的アイデンティティの歴史をたどれば、もっと違った理解が可能になるのではないか。『自我の源泉』は、かなり大部の著作なので、読み通すのはなかなか難しいかもしれない。その場合、エッセンスをまとめた**『〈ほんもの〉という倫理』**がおすすめだ。

ポイント

自我を「善」と結びついているものと捉え、「近代的アイデンティティ」をあきらかにする

44『〈帝国〉』（2000）

アントニオ・ネグリ＆マイケル・ハート

「現代の共産党宣言」と評された『〈帝国〉』。かつての帝国主義とは異なる〈帝国〉は、資本主義のグローバルな世界秩序そのものである。その対抗軸となるものは何か？

『〈帝国〉』水嶋一憲他 訳（以文社）

1933年イタリア生まれ。マルクスやスピノザの研究で知られる。1979年、労働運動に対する弾圧が高まるなか、テロリストの嫌疑をかけられ逮捕・投獄される。1983年にフランスに亡命。

アメリカの哲学者。パリ第8大学で当時フランスに亡命中のネグリに師事。ネグリのスピノザ論『野生のアノマリー』の英訳、ネグリとの共著『ディオニソスの労働』を刊行。

「9・11テロ」を予言した書

イタリアのマルクス主義哲学者アントニオ・ネグリ（1933-）は、筋金入りの活動家であり、テロ組織との関係があるとの嫌疑をかけられ、逮捕されたこともある。また、2008年には講演のため、訪日を予定していたが、入国を事実上拒否されている。

フランスの現代哲学者ドゥルーズやガタリとも親交があり、思想的に強く影響を受けている。若い頃、**『野生のアノマリー』**を出版しているが、これはスピノザの神学政治論を革命的な視点から読み直したものだ。この視点は、後に発表された『〈帝国〉』（2000）にも受け継がれている。

アメリカの哲学者マイケル・ハート（1960-）は、ネグリの哲学を英語圏で広めるにあたって、重要な役割を果たしてきた。若い頃、ドゥルーズの研究書も出版しているので、無名というわけではなかったが、彼が脚光を浴びるようになったのは、何といってもネグリとの共著『〈帝国〉』を出版したことによる。

ネグリとハートが2000年に出版した『〈帝国〉』は、スロベニアの哲学者ジジェクが疑問符をつけて**「現代の共産党宣言？」**と呼んだことで話題となった。また、**2001年に米国同時多発テロが発生すると、『〈帝国〉』は予言の書として受け取られ、世界的なベストセラーとなった**のである。その後、続編として『マルチチュード』（2004）や『コモンウェルス』（2009）も、ネグリとハートの共著として出版されている。

〈帝国〉は領土的な野心をもたない

『〈帝国〉』が世界的に流行したのは、本書が現代世界をトータルに把握し、未来への実践的な課題を提示したからである。それまで停滞気味だった左翼陣営に、本書は見通しの良い展望を語ったのである。その展望とは何だろうか。

『〈帝国〉』の基本的発想は、今や**資本主義が〈帝国〉の段階に至った**、というものである。1世紀ほど前、ロシアのレーニンは『帝国主義』を書いて、20世紀初めの資本主義の状況を描いたが、21世紀の今日、資本主義は新たな段階に到達している。かつての帝国主義から〈帝国〉

へと移行したのである。では、〈帝国〉は帝国主義とどう違うのだろうか。

ネグリとハートが〈帝国〉について語るとき、20世紀後半のグローバリゼーションの進展を念頭に置いている。グローバリゼーションがかつての帝国主義と異なるのは、**ヒト・モノ・カネが世界中に移動しても、領土的な野心をもたない**ことである。帝国主義は植民地を領土的に支配し、帝国主義国家同士で領土をめぐって対立した。それに対して、現代のグローバルな〈帝国〉は、領土を求めるわけではない。ヒト・モノ・カネが流動しさえすればよく、領土的な野心をもっていない。

こうしたグローバルなプロセスを、ネグリとハートが〈帝国〉と呼ぶとき、多くの読者は〈帝国〉が何を意味するのか、いささか戸惑ってしまった。出版当時、アメリカが世界の警察のような役割をして、世界中で「テロとの戦争」を呼びかけていたので、〈帝国〉＝アメリカと受け取られることもあった。しかし、ネグリとハートはそうした理解を一蹴している。**〈帝国〉は具体的な国家ではなく、グローバルな世界秩序そのもの**だからである。

〈帝国〉VS.「マルチチュード」

とすれば、『〈帝国〉』は実践的に何を目指すのだろうか。

ネグリとハートは、**「マルチチュード」**という概念を打ち出して、〈帝国〉に対抗する勢力を描き出そうとしている。つまり、〈帝国〉VS.「マルチチュード」が、基本的な対抗軸となっている。「マルチチュード」というのは、「多数性」とか「民衆性」といった意味をもっているが、ネグリとハートは、**従来の「プロレタリアート（労働者）」に代わるもの**として提起した。現代では、グローバリゼーションに対抗するのは、プロレタリアートではなく、マルチチュードだと考えられている。

ネグリとハートは、現代の資本主義を理解するために、〈帝国〉と「マルチチュード」という概念を提唱したが、それらはどこまで有効なのだろうか。

ポイント

〈帝国〉とは、世界中でヒト・モノ・カネが移動するグローバルな世界秩序のこと

45『地球の洞察』（1994）

J・ベアード・キャリコット

「環境倫理学の創始者」として知られるキャリコット。環境保護主義の立場から過激な主張を繰り返す一方で、世界が直面する環境問題に多くの示唆を与えてくれる

『地球の洞察』山内友三郎・村上弥生 監訳（みすず書房）

アメリカの環境倫理学者。1971年にシラキューズ大学の哲学博士号を取得。ウィスコンシン大学スティーブンズポイント校で世界初の環境倫理学の講座を開き、1979年にこの分野の専門誌を発行した。環境倫理学の創設者と位置づけられる。

「エコファシズム」という批判も

アメリカで環境保護主義が活発化し始めた1970年代、J・ベアード・キャリコット（1941-）は理論的支柱となった哲学者である。人間に対する倫理的関わりを超えて、環境にどう関わるのが倫理的かを問題にし、**環境倫理学の創始者**とも目されている。

キャリコットは、**「生態系中心主義」を標榜し、人間中心主義を厳しく批判**している。もともと、「生態学（エコロジー）」という言葉は、19世紀の生物学者ヘッケルによって使われたとき、「生物の周囲の生物学的、非生物学的な環境との関係を調べる学問」であった。エコロジーの問題は、生物とそれを取り巻く自然環境全体だった。つまり、個々のものではなく、全体を優先する「全体主義」が、基本的な立場になったのである。

そのため、キャリコットの生態系主義に対しては、しばしば「エコファシズム」という非難が浴びせられてきた。実際、彼は、**「人間かヘビのような希少な種か、そのどちらかを選ばなくてはならない」場面では、躊躇なく人間を殺すべき**だ、と主張したことがある。なぜなら、「生態系の有機的な全体性という観点からすると、絶滅の危機にある種の個体の生命は、（中略）多くの人口をもつ〈人間（ホモ・サピエンス）〉という種より貴重」だからだ。

こうしたキャリコットの言明は、環境保護主義の過激な主張としてしばしば取り上げられ、批判を受けてきた。しかし、**地球全体の立場でいえば、人間中心主義は人間エゴイズムのように見え、キャリコットの主張に共鳴する人も少なくない。**

「再構築主義のポストモダニズム」の立場

1994年、キャリコットが、より広い観点から自分の環境哲学を位置づけたのが、『地球の洞察』である。その中でキャリコットは、環境哲学の意義を文明論的な観点から歴史的に位置づけている。

1970年代から始まった環境哲学は、ノルウェーの哲学者アルネ・ネスの「ディープ・エコロジー」論のように、近代に対する根本的な批判を展開していたが、キャリコットはそうした歴史認識をより明確な形で提示したのである。

キャリコットによれば、探究されるべき環境哲学は、近代的な思考を超えるポストモダニズムであるが、これには注意が必要である。というのも、ポストモダニズムには2つの形態があるからだ。キャリコットは、一方の「脱構築主義のポストモダニズム」は虚無主義的で、冷笑的として退けるが、他方の**「再構築主義のポストモダニズム」は積極的に採用**し、次のように説明している。

「再構築主義のポストモダニズムは、創造的で楽観主義的である。それが目指しているのは、伝統的な近代科学はもはや死んだのであるから、それを基礎とする老朽化した近代の世界観の残骸やガラクタを一掃することである。さらには、それに代わるものとして、『新物理学』（相対性理論と量子力学）と『新生物学』（進化論とエコロジー）を基礎とする世界観を再建することを目指している」

近代科学を超える環境保護主義

この文章を読むと、キャリコットが環境哲学を構想するとき、いかなる対立構造を考えていたのか、あきらかだろう。**環境破壊を生み出した「近代科学とそれに基づく近代的世界観」**と、**環境保護主義をめざす「ポストモダンの科学（新物理学と新生物学）とそれに基づくポストモダンの世界観」**という図式だ。こうしてキャリコットは、環境保護主義の運動を、近代科学やその世界観を超えるものとして理解するのである。

20世紀後半に始まった環境保護運動を社会活動として理解するだけでなく、近代全体の問い直しと見なし、近代世界のオルタナティブとして提示することは、哲学的にはきわめて大きなテーマまで射程に入れている。しかし、ディープ・エコロジーのように、近代を超えるつもりが、反近代主義に陥ってしまう危険性もある。

再構築主義的ポストモダニズムは、どこまで具体的な政策や理論を提示できるのだろうか。20世紀末に流行が終息した「脱構築主義的ポストモダニズム」のようにならないためには、**環境保護主義もスローガンや行動だけでなく、現実にも有効な理論を形成する必要がある。**

ポイント

「再構築主義的ポストモダニズム」は環境保護運動を通じて近代全体を問い直すもの

46『シニカル理性批判』（1983）

ペーター・スローターダイク

本書で一躍脚光を浴び、ドイツにおける新たな世代の登場を印象付けたスローターダイク。彼が解明した「シニカルな理性」とは何か？

『シニカル理性批判』高田珠樹 訳（ミネルヴァ書房）

ドイツ・カールスルーエ生まれの哲学者・テレビ番組司会者・カルチュラル・スタディーズを専門とする社会学者・随筆家。カールスルーエ造形大学の学長兼教授として、哲学およびメディア理論の講義を担当。パリ、ニューヨークなどで客員講師。

ドイツのフランクフルト学派を激しく批判

20世紀後半、ドイツではフランクフルト学派の影響が強く、その第2世代のハーバーマスがモダン派として論陣を張っていた。フランスやアメリカのポストモダニズムに、ドイツのモダン派が対抗する、という構図が続いていた。

こうした**フランクフルト学派の支配に、ドイツ国内で風穴を開けた**のが、ペーター・スローターダイク（1947-）である。彼は第二次世界大戦後の世代であり、カールスルーエ造形大学の学長を務める傍ら、テレビ番組の司会をこなすなど、メディアにもしばしば登場する新しいタイプの哲学者だ。

スローターダイクは、哲学だけでなく、社会学や文学、歴史学にも造詣が深く、学際的な活動を行なっている。

彼の名前を一躍有名にしたのは、１９８３年に発表した『シニカル理性批判』であった。世界的に流行しつつあったポストモダン哲学に呼応しながら、ドイツにおける新たな世代の登場を印象付けた。

『シニカル理性批判』以後、ハーバーマスを中心としたフランクフルト学派に対するスローターダイクの批判は過激化するとともに、社会にも広く浸透していった。その結果、21世紀を迎える頃には、**フランクフルト学派は、ドイツだけでなく世界的にも凋落した**ように見える。

批判的態度を表す「キニシズム」

本書のタイトルからは、カントの『純粋理性批判』やディルタイの「歴史的理性批判」、サルトルの『弁証法的理性批判』などを連想する人が多いだろう。

何を批判する（ここでは、「分析し解明する」という意味）かによって、それぞれの特徴が出ている。カントの場合は「純粋理性」が問題だったのに対して、スローターダイクは**「シニカルな理性」を解明する**のである。

「シニカルな理性」とは何か。

「シニカルな理性」とは何か?

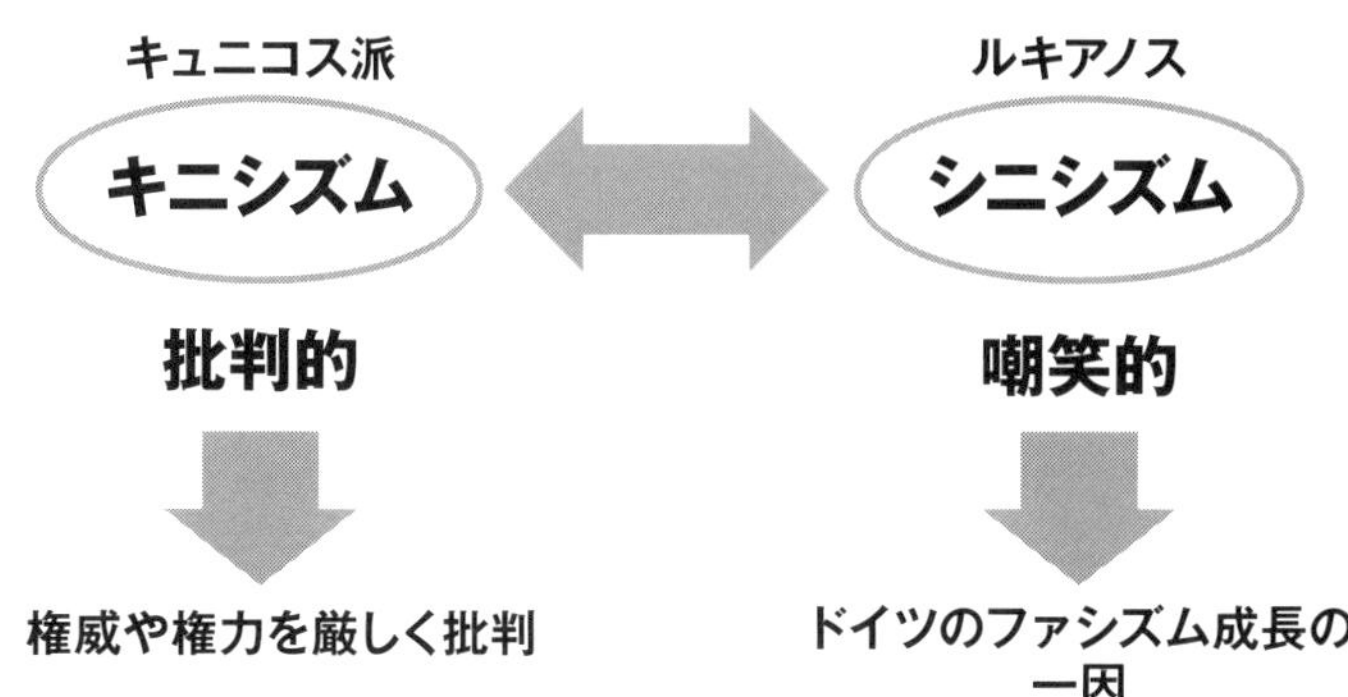

➡スローターダイクは「20 世紀末の現代社会では、嘲笑的なシニシズムが醸成されつつある」と危惧

今でも、「シニカル」という言葉は皮肉な態度の表現として使われ、冷笑的とか嘲笑的と訳される。もとをたどれば、この言葉はギリシア時代の「キュニコス派」に由来するという。その代表的な人物がディオゲネスで、権威や権力を厳しく批判した哲学者として知られている。キュニコス派の批判的態度が、一般には「シニカル」と言われたのである。

ところが、スローターダイクは、**キュニコス派の批判的態度を「キニシズム」と呼び、ローマ時代のルキアノスのような「シニシズム」から区別**した。批判的なキニシズムでさえも嘲笑するのが、「シニシズム」というわけである。では、彼はどうして批判的な「キニシズム」と、嘲笑的な「シニシズム」を区別したのだろうか。

「シニシズム」の蔓延がファシズムを育てた

その理由は、現代社会に対するスローターダイクの理解から来ている。彼によれば、ファシズムがドイツで成長したのは、社会のうちにシニシズムが広く蔓延したからである。ところが、**20世紀末の現代において、批判的なキニシズムではなく、嘲笑的なシニシズムが醸成されつつあるの**ではないか。

『シニカル理性批判』のなかで、スローターダイクはこう強調している。こうして、ギリシアやローマ時代の哲学的な風潮が、現代の問題へと直結するのである。

『シニカル理性批判』の発表後、スローターダイクはフランクフルト学派とますます対立するようになり、ポストモダン的な文章を数多く発表している。ハーバーマスが近代的な「啓蒙的理性批判」を企てたとすれば、**スローターダイクはポストモダン的な「シニカル理性批判」を遂行した**、と言うこともできるだろう。

ポイント

批判的な「キニシズム」と嘲笑的な「シニシズム」は区別して考えるべき

47 『イデオロギーの崇高な対象』(1989)

スラヴォイ・ジジェク

現代思想界の牽引役ジジェクが世界的に有名になった代表作。ラカンの精神分析理論とヘーゲル哲学を援用しながらイデオロギーの〝幻覚〟を解明する

『イデオロギーの崇高な対象』鈴木晶 訳(河出文庫)

ラカンの後継者であるジャック・アラン・ミレールに精神分析学を学ぶ。その関心領域は広く、哲学・精神分析ばかりでなく、映画や芸術、さらには政治運動に至るまで、第一線の活躍を続ける。スロベニアが世界に誇る第一級の知識人。

現代思想の「スーパースター」

旧ユーゴスラビアに属するスロベニア出身のスラヴォイ・ジジェク(1949-)は、フランスの構造主義者やポスト構造主義者たちが亡くなった後、現代思想のいわばスーパースターとなっている。英語でたくさんの著書が出版され、日本でもその多くが翻訳されている。現代思想に興味をもつ人で、彼の名前を知らない人は少ないだろう。

ジジェクの特徴は**たぐいまれな話題の豊富さと、展開のスピード感**にある。次から次に話が転換し、ヘーゲル哲学を論じたかと思えば、ラカンの精神分析を問題にし、さらにはハリウッド映画を語りながら、卑猥なジョークに興じる。そのため彼は、**「この数十年間にヨーロッパから生まれた、精神分析の、いや文化分析一般の、最もおそるべき解説者」**と評されることもあ

る。

思想家としてのジジェクを一言で表現するならば、**「ポストモダン時代のコミュニスト」**と言えるかもしれない。ジジェクは、普通のコミュニストとは違って、ラカンを筆頭に、フーコー、デリダ、ドゥルーズといったフランスのポスト構造主義にも造詣が深く、さらにはポストモダン的な現代思想にも十分な理解をもっている。

しかも、そうした思想をハリウッド映画などのサブカルチャーによって解説してくれる。そのため、彼の議論を表面的に眺めると、いかにもポストモダニストのように見えるが、**話の核心を構成しているのはコミュニストのハート**である。

ジジェクが、1989年に英語ではじめて発表した著書が、『イデオロギーの崇高な対象』である。本書によって、ジジェクは世界的に広く知られるようになり、それ以後は現代思想界の牽引者となった。その意味で、本書はジジェクの代表作と言ってもよいだろう。

「イデオロギー」に対する新たなアプローチ

「イデオロギー」という言葉は、19世紀初めにフランスのド・トラシーが『イデオロジー原論』で用いたが、その後、多様な意味をもつようになり、曖昧になった概念だ。現在では、たいてい非難的な意味を込めて語られる。しかし、この言葉が、哲学の中で重要な役割を果たしているのは、マルクス主義の文脈である。

ジジェクはマルクス主義で使われる「イデオロギー」の概念について、ラカンの精神分析理論とヘーゲル哲学とを援用する。というのも、現代のポストモダン状況を根本から批判し、新たな社会的可能性を切り開くためである。つまり、**「ヘーゲルをラカン的に読むことによって、イデオロギーに対する新たなアプローチを開き、ポストモダニズムの罠にはまることなく、現代のイデオロギー現象を理解すること」**――これがジジェクの意図である。

では、どうやってそれを遂行するのか。

一般に「イデオロギー」の定義とされるのは、マルクスが『資本論』の中で語った、「彼らはそれを知らない、しかしそれをやっている」という表現だ。通常これは、イデオロギーを「虚偽意識」と見なして、その批判を求めることになる。つまり、イデオロギーのメガネを取り去って、現実をありのままに直視せよ、という具合に。ところが、ジジェクはこの理解を批判して、**どうして現実がイデオロギー的まやかしを通じて構成されるかをあきらかにすべき**だと主張する。

空想によってつくりあげた「現実」

ここでジジェクは、ラカンに由来する「現実（reality）」と「現実界（the Real）」の区別を援用する。

ジジェクによれば、「現実界」というのは堪えがたいもので、私たちはそれを見ないように、空想によって「現実」をつくり上げるのだ。たとえば、次のように語られる。

「イデオロギーは、われわれの現実の社会的諸関係を構造化し、それによって、ある堪えがたい、現実界の、あってはならない核を覆い隠す幻覚なのである」

したがって、「イデオロギーから覚醒せよ！」と、どんなに叫んでみても、イデオロギーから解放されない。

では、どうするか。ジジェクの答えはこうだ。

「われわれのイデオロギー的な夢の力を打破する唯一の方法は、この夢の中に立ち現れるわれわれの欲望の現実界を直視することである」

しかし、どうやって「現実界」を直視するのか。じつは、これが最も難しい問題ではないだろうか。

ポイント

「現実界」を直視することがイデオロギーからの解放につながる

48『技術と時間』（1994）

ベルナール・スティグレール

『技術と時間（1～3）』石田英敬 監修・西兼志 訳（法政大学出版局）

「刑務所に入った哲学者」として知られるスティグレールが注目した「メディオロジー」。言語の媒介となる技術やメディアの意義を解明した一冊である

フランスの哲学者。コンピエーニュ工科大学教授、音響・音楽研究所所長、ポンピドゥー・センター文化開発部部長等を歴任。文化資源のIT化国家プロジェクトの中核を担い、技術と人間との関係を根源的に問う、ポスト構造主義以後の代表的哲学者。

言語を媒介する「メディア」に着目

20世紀末、ポスト構造主義の世界的な流行も終わりが見えてきたとき、哲学の新しい方向が模索されていた。フーコーやドゥルーズ、デリダに代わってどんな哲学者がその役割を担うのか。また、その哲学はポスト構造主義とどのような関係にあるのだろうか。興味と疑問は尽きなかった。

ちょうどその頃、フランスでは新しい哲学が胎動していた。１９４０年生まれのレジス・ドブレは、１９６０年代にはキューバを訪問したり、ボリビアでゲバラの戦闘に参加したりして名を馳せていた。帰国後、彼は**「メディオロジー（メディア学）」**という学問を提唱して、ポスト構造主義とは異なる道を歩み始めていた。

ドブレによれば、今まで言語や記号は熱心に議論されてきたが、それらを媒介する技術的媒体（メディア）は、ほとんど注目されてこなかった。しかし、言語にしても、記号にしても、それを伝達する媒介組織がなくては成立しない。

しかも、メディアのあり方によって、言語や記号の「メッセージの性質が決定される」のである。実際、口頭で語り合う場合と、書物などの印刷物で情報を読み取る場合と、インターネットを通してコミュニケーションをする場合とでは、人間関係も情報内容も大きく違っている。

そして、１９６０年代の「記号論的転回」に対して、ドブレは**「メディオロジー的転回」**を提唱する。

銀行強盗の前科のある哲学者

こうしたドブレの思想を受けて、ベルナール・スティグレール（１９５２‐）は、技術やメディアにテーマを定めて、「メディオロジー」の考えをもっと先へ進めようとしている。

ドブレのメディオロジーはともすると、技術が文化や思想を決定するといった「技術決定論」に陥りやすい。スティグレールは、**技術決定論を避けながら、技術やメディアの意義を解明す**るために、大著『技術と時間』（１９９４）を出版した。

ちなみに、スティグレールは経歴がユニークである。薬物使用や銀行強盗といった前科があり、**「刑務所に入った哲学者」**として有名だ。通常の学校教育とは違ったコースから哲学者になっており、その点でもダイバーシティを強調する現代の典型となるかもしれない。

哲学は技術に対して「非思考」だった

スティグレールによれば、『技術と時間』が対象とするのは、「あらゆる未来の可能性の地平として把握された技術」である。

つまり、技術が考察の対象となるのだが、これまで哲学は「技術を抑圧してきた」と言われる。技術は哲学において「非思考」であった。はっきり言って、**哲学は「技術」を十分に問題にせず、その重要性を取り逃がしてきた**わけである。

しかし、技術は人間にとって最も本質的なもので、それを無視して人間を理解することはできない。その理由を明らかにするため、スティグレールはプラトンの『プロタゴラス』を使いながら、プロメテウスとエピメテウスの兄弟の話を取り上げている。

その話によると、「神々はプロメテウスとエピメテウスを呼んで、生物のそれぞれにふさわしい装備を整え、能力を分かち与えてやるように命じた」。弟のエピメテウスがこの「能力分配」の仕事を行ない、さまざまな生物にそれぞれに適した能力を与えた。空を飛ぶ能力、早く走る能力など……。こうしてほとんどの生物に能力を与えたのに、人間に与える能力をうっかり忘

スティグレールと「メディオロジー」

ドブレの「メディオロジー」

技術決定論
技術が文化や思想を決定する

スティグレールの「メディオロジー」

「技術」なくして「人間」は存在できず

「技術」の問題を「哲学」の問題として解明する必要がある

➡ スティグレールは、現代のメディア技術や情報化産業を分析

れてしまった。

兄のプロメテウスが見たのは、「他の動物は万事が具合よくいっているのに、人間だけは裸のままで、履くものもなく、敷くものもなく、武力もないままでいる」という状況だった。そこで、プロメテウスは、人間のために「技術的な知恵を火とともに盗み出して（中略）これを人間に贈った」のである。

「技術」なくして「人間」なし

ここで語られているのは、「エピメテウスの過失を代補するため、プロメテウスは人間に対して、自らの外部に置くという贈り物、贈与を行なう」ことである。「人間は起源において欠損的である」ので、「自己の外部に人工補正器具的な性質を必要とする」のだ。つまり、技術は生来「欠損的存在」である人間にとって、不可欠なものである。

したがって、**「技術」なくして「人間」は存在できず、「技術」の問題を「哲学」の問題として解明する必要がある。**

こうした視点から、スティグレールは、技術、とりわけメディア技術を周到に分析していく。そのため、現代のデジタルメディアの状況が分析されたり、映画が題材にされたりする。スティグレールは現代の情報文化産業社会を厳しく批判し、そこから新たな生き方を模索している。

ポイント

生まれつき欠損的存在である人間にとって、「技術」は必要不可欠である

49『有限性の後で』（２００６）

カンタン・メイヤスー

「思弁的実在論」の理論的支柱とされるメイヤスーは、本書の出版によって閉塞感の漂う現代思想界の新たなヒーローとして脚光を浴びることとなった

『有限性の後で』千葉雅也他 訳（人文書院）

フランスの哲学者。パリ第1大学パンテオン・ソルボンヌで教鞭を執る。父は人類学者クロード・メイヤスー。2012年にベルリン自由大学で行なった講義にて、『有限性の後で』で表明した見解のいくつかを明確化した上で部分的に修正している。

デジタルメディアによる新たな哲学運動

20世紀末にフーコーやドゥルーズが亡くなり、21世紀にデリダもこの世を去ると、現代思想の巨匠たちが不在になってしまった。

それからしばらくして、いわば新星のごとく登場したのが、フランスの哲学者カンタン・メイヤスー（１９６７-）である。彼は、著名な哲学者アラン・バディウの薫陶を受け、30代の頃から注目されるようになった。

彼が登場する以前、すでに20世紀末には現代思想をはじめ哲学全般には、閉塞感が漂っていた。フランスの構造主義やポスト構造主義、ドイツの解釈学や現象学、英語圏の言語哲学などが、社会全体に蔓延する相対主義的風潮に対して、有効な対抗策を講じることができずにいた。

その極端な文化現象が**ポストモダンの流行**だった。この流れの中では、客観的な真理や普遍妥当な論証が不可能になってしまうように見えたのだ。

こうした世界的な状況に対抗するように、若い世代を中心にデジタルメディアによって、新たな哲学運動が形成され始めていた。それが**「思弁的実在論」**である。その理論的支柱と目されたメイヤスーは、２００６年に『有限性の後で』を出版して、狭いサークルの中だけでなく、**世界的にも現代思想界の新たなヒーローと見なされるようになった**のである。

彼自身は自分の哲学を、それまでメンバーたちが使っていた「思弁的実在論」ではなく、「思弁的唯物論」と呼んでいるが、精神に対して物質の独立性を主張することを認めたうえで、「思弁的実在論」と呼ぶことにしたい。そうすることで、メイヤスーの試みが、それ以前の哲学に対して何を主張したいのか、より明確になるだろう。

「有限性」を超えた先にある「絶対性」

メイヤスーの基本的な主張は、タイトルからも暗示されるように、「有限性」を超えて「絶対性」へ至ることである。

そもそもここで「有限／絶対」と言われるのは、どんなことだろうか。

まず、「絶対」のほうから考えてみよう。「絶対」という言葉は、メイヤスーにかぎらずさまざま哲学者が使っているが、基本にあるのは**「他から切り離されていること」**である。他のものと比較するのは、相対化することであり、他のものと関連づけると「相関的」となる。こうした関係性をすべて脱して、それ自体で存在する場合、「絶対的」と言われる。

ヘーゲルの「絶対知」というのは、「意識との関係を脱した知」であるから、「絶対的」なのである。

この区別を念頭において、『有限性の後で』を読むと、メイヤスーの基本的な意図がわかる。それは、**「相関主義」を批判して、それ自体で存在する「絶対的なもの」へ向かうこと**である。メイヤスーによれば、カント以後の哲学はすべて（現象学であれ、分析哲学であれ、ポストモダンであれ）、「思考と存在の相関のみにアクセスできる」と考えてきた。このような、「相関の乗り越え不可能な性格を認めるというあらゆる傾向」を、メイヤスーは「相関主義」と呼んで、その超克（ちょうこく）を図っている。

人類滅亡後の世界も「可能な出来事」として想定

たしかに、カントの「コペルニクス的転回」によって、いわゆる「素朴実在論」が批判されてから、認識からは独立した存在自体を想定することは厳しく戒められてきた。そのため、対象は常に意識との相関関係のもとで理解され、認識と切り離されて存在することはできない、と考えられてきた。

しかし、**数学や科学が理解するのは、意識の相関性から脱した「絶対的な存在」ではないか**——そうメイヤスーは問いかける。つまり、人間の思考から独立した「存在」を考えることができるはずだ。

たとえば、人類が出現する以前の世界は存在しなかったのだろうか。あるいは、人類が消滅した後の世界は、「可能な出来事」として想定できるのではないだろうか。これらは、「人間から分離可能な世界」として、科学的に考察できるだろうか。

考察できるとすれば、**人間の思考と相関的で「有限な」認識だけでなく、思考から切り離された「絶対的」な認識も可能だ**と言えるだろう。

メイヤスーは数学や科学をモデルにして、相関性から脱した絶対的な実在を認識することを主張し、「思弁的実在論（唯物論）」を提唱したのである。

ポイント

人間の思考から独立した「絶対的な存在」も認識することができる

50『なぜ世界は存在しないのか』（2013）

マルクス・ガブリエル

本書が世界的ベストセラーとなって一躍名を知られるようになったガブリエル。若き天才哲学者は、現代の哲学的な問題をいかに解決していくのであろうか？

『なぜ世界は存在しないのか』清水一浩 訳（講談社選書メチエ）

ドイツの哲学者。西洋哲学の伝統に根ざしつつ、「新しい実在論」を提唱して世界的に注目される。NHK・Eテレ『欲望の時代の哲学』などへの出演も話題に。著書に『「私」は脳ではない』『新実存主義』などがある。

期待の逸材として現れた「天才」

21世紀になってデリダが亡くなり、現代思想を牽引していた哲学者が不在になった。この先、哲学はどこに向かうのか——人々が関心を寄せていたとき、期待の逸材として現れたのがドイツの哲学者マルクス・ガブリエル（1980-）である。

彼は、29歳の若さでボン大学の教授に就任し、現在すでに10冊をはるかに超える著作を出版している。古典語だけでなく、複数の言語を自由に使いこなす。その多彩な才能から、「天才」と称されることもある。

マルクス・ガブリエルは、ドイツ観念論、とくにシェリング哲学を専門とするが、それだけでなく、古代から現代哲学に至るまで幅広い知識をもっている。現代の哲学では、英米の分析哲学、フランスの構造主義・ポスト構造主義にも精通し、ヨーロッパ哲学と英米哲学の橋渡しもしている。そのため、世界のさまざまな国々の哲学者とも交流している。日本にも何度か訪れ、NHKのテレビ番組に出演して一躍名が知られるようになった。

彼が一般読者向けに発表した『なぜ世界は存在しないのか』(2013)は、ドイツ国内だけでなく、世界的にもヒットしている。

本書は、全体の構想では3部作の第1部で、第2部として『「私」は脳ではない』が日本でも翻訳されている(講談社選書メチエ)。ドイツ語では、第3部『思考の意味』がすでに出版され、3部作は完結している。

彼の哲学の中心的なテーマは、現代の哲学的な状況をいかに切り開いていくかにある。20世紀には、ポストモダン哲学が流行し、相対主義的な思考法が世界的な傾向となった。他方で、科学技術や認知科学の進展によって、自然科学的な思考法(これを自然主義と呼ぶ)が力をもち、他の分野にまで侵食するようになっている。たとえば、人間の心の探究でさえ、脳の解明によって理解可能になる、といった考え(脳科学神話)が支配的なっている。

こうした2つの傾向に対して、**哲学はどのような答えを用意し、問題解決を図っていくのか**——。こうした問いに答えるのが、マルクス・ガブリエルの3部作である。

「世界」の2つの定義

マルクス・ガブリエルが2013年に出版した『なぜ世界は存在しないのか』は、**「新実在論」**という立場を表明している。新実在論の立場から、どうして「世界が存在しない」という主張が出てくるのだろうか。

注意すべきは、「世界は存在しない」という命題には、もう1つの命題が控えていることだ。**「世界以外のものはすべて存在する」**という命題である。つまり、「世界は存在しない」と「世界以外のものは存在する」はペアで語られたのだ。

ガブリエルによると、この2つを証明することが、『なぜ世界は存在しないのか』の課題なのである。

彼の主張では次のようになる。

「植物も、夢も、トイレの水を流した音も、ユニコーンも存在する。進化といった抽象概念も存在する。しかし、世界だけは存在しない」

こう語られるとき、「世界」という言葉には何が想定されているのだろうか。彼は、「世界」という概念を次の2点で定義する。

第1に、**最も大きな領域を指す概念であること**。したがって、物理学的な「宇宙」よりも、

「世界」のほうがもっと大きな概念ということになる。

第2に、**モノではなく事柄の総体であること**。これは、ウィトゲンシュタインが『論理哲学論考』（173ページ参照）で提起した重要な命題である。いすや机、パソコンなどはモノである。コトというのは、「AはBである」「AはCする」のように、文で表現される事柄である。それらの事柄を全部まとめたものが「世界」と呼ばれる。

現代の「自然主義」を批判

ガブリエルの独自性は、事柄の総体というウィトゲンシュタインの「世界」概念に、「意味の場」を付加したことにある。彼によれば、**「AはXという意味の場においてBである」**となる。たとえば、ユニコーンは神話という意味の場において存在するし、私が見た夢は私の記憶という意味の場において存在している。それらは物理的な意味の場では存在しないとしても、他の意味の場では存在している。

どんなものも無条件に存在するわけではなく、「Xという意味の場において」存在するわけである。

問題は、世界もまた「Xという意味の場において存在するのか」ということである。しかし、

「なぜ世界は存在しないのか」のロジック

命題

世界は存在しない

↓

なぜそう言えるのか？

世界の定義 ⇔ **「意味の場」を付加した世界**

世界は最も大きな領域を指す

矛盾

どんなものも「Xという意味の場において」存在する

↓

世界より大きいXは存在しない

↓

世界も存在しない

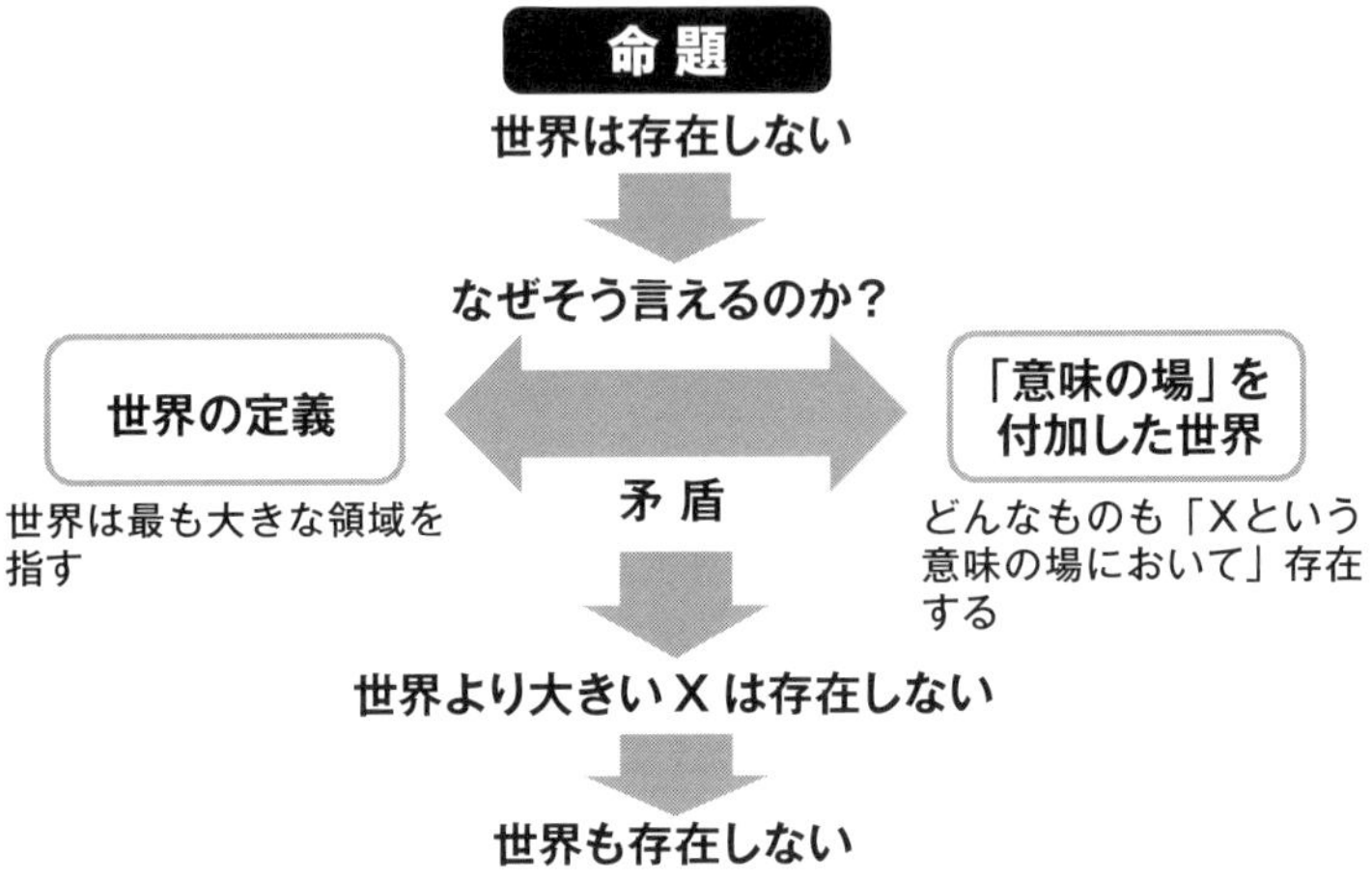

そうなると、Xは世界よりも大きいことになるだろう。これは「世界」の定義に反する。したがって、「世界」を包括するような「X」は存在しない。そして、「X」が存在しないのであるから、「世界」も当然存在することはない。これがガブリエルの言う、「なぜ世界は存在しないのか」のロジックである。

こうしたロジックによって、ガブリエルは何を主張したいのだろうか。

その基本にあるのは、**現代の「自然主義」的傾向を批判すること**だ。「自然主義」によれば、存在するのは物理的なものやその過程だけになり、それ以外は独自の意味をもたなくなる。たとえば、心の働きも、結局は脳とその過程に還元され、脳を理解することで心も理解できる、と見なされる。

しかし、**こうした自然科学的宇宙だけでなく、心に固有の世界もまた存在する、**と「新実在論」は主張するのである。

ポイント

「世界は存在しない」という論理によって「心の世界」が存在することを証明した

岡本 裕一朗（おかもと ゆういちろう）
1954年、福岡県生まれ。玉川大学名誉教授。九州大学大学院文学研究科哲学・倫理学専攻修了。博士（文学）。九州大学助手、玉川大学文学部教授を経て、2019年より現職。西洋の近現代哲学を専門とするほか、哲学とテクノロジーの領域横断的な研究も行なう。
主な著書に、『世界を知るための哲学的思考実験』（朝日新聞出版）、『哲学の世界へようこそ。』（ポプラ社）、『教養として学んでおきたい哲学』（マイナビ出版）、『いま世界の哲学者が考えていること』（ダイヤモンド社）などがある。

哲学の名著50冊が1冊でざっと学べる

2020年10月16日　初版発行
2023年12月10日　3版発行

著者／岡本 裕一朗

発行者／山下 直久

発行／株式会社KADOKAWA
〒102-8177　東京都千代田区富士見2-13-3
電話 0570-002-301（ナビダイヤル）

印刷所／株式会社暁印刷

DTP／株式会社ニッタプリントサービス

●お問い合わせ
https://www.kadokawa.co.jp/（「お問い合わせ」へお進みください）
※内容によっては、お答えできない場合があります。
※サポートは日本国内のみとさせていただきます。
※Japanese text only

ISBN 978-4-04-604220-0　C0010